EL CAMINAR
DEL DISCÍPULO

EL CAMINO

DESCUBRIENDO LA SENDA DEL DISCIPULADO CRISTIANO

LifeWay Press®
Nashville, Tennesee

EL CAMINAR DEL DISCÍPULO

El caminar del discípulo es una serie de estudios basados en el modelo para discipular que Jesús usó. Experimentados discipuladores, a lo largo de la nación, crearon estos estudios que ofrecen una senda intencional para un discipulado que transforma y ofrece una manera de ayudar a los seguidores de Cristo de pasar de ser un nuevo discípulo a ser un discipulador maduro. Cada estudio de la serie está basado en los principios de modelar, practicar y multiplicar:

- Líderes que modelan la vida de un discípulo bíblico.
- Discípulos que siguen y buscan la práctica del líder.
- Discípulos que se convierten en discipuladores y que se multiplican por medio de *El caminar del discípulo.*

Discipuladores experimentados escribieron y aprobaron cada estudio de esta serie para grupos pequeños y para usar individualmente.

Contribuyentes:
Eddy Pearson, Arizona Baptist Convention
Ben Reed, Saddleback Church, Lake Forest, CA

MINISTRY GRID
training made simple

Para ayudas para usar El caminar del discípulo, y para ver algunas ideas adicionales para dirigir este estudio, visite: *ministrygrid.com/web/disciplespath* (solo disponible en inglés).

Item 005788135 • ISBN 978-1-4300-6141-0
Clasificación Decimal Dewey: 248.84
Subdivisión: DISCIPULADO \ JESÚS \ VIDA CRISTIANA

Creemos que la Biblia tiene a Dios como su autor; la salvación como su finalidad; y la verdad, sin ninguna mezcla de error, como su tema. Para ver los principios doctrinales que sustentamos, visite: *www.lifeway.com/doctrinalguideline.*

Para ordenar copias adicionales de este recurso escriba a LifeWay Resources Customer Service; One LifeWay Plaza; Nashville, TN 37234; fax 615-251-5933; o llame gratuitamente a 1-800-257-7744; ordene en línea en *www.lifeway.com;* email *orderentry@lifeway.com;* o visite una tienda LifeWay Christian.

Printed in the United States of America

Multi-Language Publishing • LifeWay Resources
One LifeWay Plaza • Nashville, TN 37234

ÍNDICE

UNA NOTA PARA LOS LÍDERES

Hace unos años yo fui parte de una investigación que realizó un estudio que buscaba descubrir cómo el Señor a menudo transforma los corazones de Su pueblo. El estudio se convirtió en un libro titulado *Transformational Discipleship [Discipulado transformador]*. Básicamente queríamos aprender cuál es el proceso para hacer discípulos. Basados en el estudio de las Escrituras y en muchas entrevistas con personas, llegamos a esta conclusión: la transformación tiene la posibilidad de ocurrir cuando un **líder** piadoso pone en práctica la **verdad** en el corazón de una persona que asume una **actitud** que es fácil de enseñar.

- **LÍDER:** Usted es el líder. A medida que invierta en las personas a las que está formando como discípulos, ellas aprenderán mucho acerca de la fe cristiana observándolo a usted, percibiendo su corazón para el Señor y viendo cómo usted sigue al Señor. Le animo a ser el tipo de líder que puede decir: "Sigue mi ejemplo como, yo sigo el ejemplo de Cristo".

- **VERDAD:** Estos seis estudios de la serie *El caminar del discípulo* se desarrollaron con la colaboración de líderes ministeriales que regularmente y con eficiencia forman discípulos. Estos estudios se diseñaron para hacer que las personas que usted está formando como discípulos profundicen en la Palabra de Dios, porque confiamos que Jesús y Su Palabra nos santifican y nos transforman. Nuestra comunidad de formadores de discípulos trazó el camino de las verdades esenciales que creemos que son necesarias, y que cada creyente debe conocer y comprender.

- **ACTITUD:** Esperamos que las personas con las que usted estará invirtiendo el tiempo adopten una postura para aprender con facilidad, que esté abierta y hambrienta del Señor. Motívelos a tomar en serio el estudio y a ver su invitación para estudiar juntos como una oportunidad sagrada de experimentar la gracia de Dios y la verdad de Dios.

Esperamos y oramos que el Señor use este estudio en su vida y en las vidas de aquellos a quienes está formando como discípulos. A medida que ponga en práctica la verdad de Dios en corazones dispuestos a aprender, la transformación ocurrirá. ¡Gracias por ser un formador de discípulos!

En Cristo,

Eric

Eric Geiger Vice Presidente de LifeWay Resources
Co-autor of *Transformational Discipleship*

¿QUÉ ES UN DISCÍPULO?

¡Felicitaciones! Si usted decidió vivir como un discípulo de Jesús, ha tomado la decisión más importante que pueda imaginar. Pero tal vez se pregunte: ¿qué quiere decir ser un discípulo? Dicho de una manera sencilla, un discípulo de Jesús es alguien que ha decidido seguir a Jesús. El mandato que dio Jesús a los que Él reclutó como Sus primeros discípulos fue: "Síganme". En la sociedad de Jesús, los líderes religiosos judíos eran llamados rabinos, ellos reunían a un grupo de seguidores llamados discípulos para que estos siguieran sus huellas y aprendieran sus enseñanzas. De la misma manera usted se volverá cada vez más semejante a Jesús a medida que de forma intencional lo siga a Él, durante las próximas semanas. Jesús dijo una vez: "...mas todo el que fuere perfeccionado, será como su maestro" (Lucas 6:40).

En un nivel más profundo, los discípulos de Jesús son los que aprenden a basar su identidad en Jesús. Todos usamos diferentes etiquetas para describir quiénes somos en lo profundo de nuestro corazón. Algunos se ven como atletas o intelectuales. Otros se ven como profesionales, padres, líderes, los payasos del aula y otras cosas.

Los discípulos de Jesús dejan a un lado esas etiquetas y basan su identidad en Él. Por ejemplo:

- **Un discípulo de Jesús es un hijo de Dios.** En la Biblia encontramos estas palabras: "Mirad cuál amor nos ha dado el Padre, para que seamos llamados hijos de Dios" (1 Juan 3:1). Somos hijos de Dios. Él nos ama como nuestro Padre perfecto.

- **Un discípulo de Jesús es un extranjero en este mundo.** Los discípulos de Jesús son extranjeros o forasteros en la sociedad donde viven. Debido a esa identidad, los discípulos de Jesús se abstienen de los actos y las actividades que sean contrarias a Él. Pedro, uno de los primeros discípulos, escribió estas palabras: "Amados, yo os ruego como a extranjeros y peregrinos, que os abstengáis de los deseos carnales que batallan contra el alma" (1 Pedro 2:11).

- **Un discípulo de Jesús es un embajador de Cristo.** Otro de los discípulos de Jesús registró estas palabras en la Biblia: "De modo que si alguno está en Cristo, nueva criatura es; las cosas viejas pasaron; he aquí todas son hechas nuevas. [...] Así que, somos embajadores en nombre de Cristo, como si Dios rogase por medio de nosotros; os rogamos en nombre de Cristo: Reconciliaos con Dios" (2 Corintios 5:17, 20). Durante un tiempo específico los embajadores representan a su rey y a su país en otra sociedad. Jesús nos transformó, así que ahora somos Sus discípulos y Sus embajadores y lo representamos en el mundo mediante nuestras acciones y al hablar a otros acerca de Él.

El recorrido que usted está a punto de emprender, le transformará para llegar a ser más y más semejante a Jesús. ¡Disfrútelo! Nunca nadie amó ni se interesó con tanta pasión por las personas como hizo Jesús. Nunca nadie ha sido tan sincero en su interés por otros como Jesús. Y nunca nadie dio tanto para que pudiéramos experimentar Su amor como lo hizo Jesús en la cruz.

A medida que usted se asemeje más a Jesús, verá que sus relaciones son más fuertes, que tiene más paz interior que nunca antes y que anhela el futuro como nunca antes.

Esa es la bendición de vivir como un discípulo de Jesús.

CÓMO USAR ESTE LIBRO

Bienvenido a *El Camino*. Al estudiar el peregrinaje de los primeros discípulos de Jesús, los cristianos, tanto nuevos como experimentados, obtendrán una mayor comprensión de lo que significa seguir a Jesús. Al comenzar, considere las siguientes guías y sugerencias para sacar el mayor provecho de esta experiencia.

INTERCAMBIO EN EL GRUPO

Debido a que el proceso del discipulado siempre incluye por lo menos a dos personas, el líder y el discípulo, cada sesión de *El Camino* incluye un plan práctico para hacer que el grupo participe en el estudio y tenga un tiempo para intercambiar ideas, comentarios y opiniones.

Este plan incluye los siguientes pasos:

- **COMIENCE.** La primera sección del material para el grupo le ayuda a facilitar el intercambio partiendo de intereses comunes. Usted comenzará reflexionando en la sesión anterior y en sus experiencias recientes como discípulo. Después de pasar un tiempo en oración, encontrará una ilustración práctica que le ayudará a introducir el tema principal de la sesión.

- **LA HISTORIA.** Al usar *El caminar del discípulo*, encontrará oportunidades para participar en el estudio de la Biblia mediante la historia y la enseñanza. Por eso, el tiempo en el grupo de cada sesión presenta dos secciones principales: **Conozca la historia** y **Analice la historia**. **Conozca la historia** presenta el texto bíblico e incluye preguntas de seguimiento para realizar un breve intercambio. Se recomienda que el grupo busque el texto bíblico y lo lea en voz alta. **Analice la historia** incluye un material de enseñanza práctica y preguntas para motivar los comentarios. El propósito es ayudarle a aplicar las verdades que se encuentran en el texto bíblico. Para sacar un mayor provecho de la experiencia, use el material provisto como punto de partida para motivar una conversación más profunda. A medida que lea el material de enseñanza y participe en responder las preguntas como grupo, piense cómo las verdades que está analizando tendrán un efecto en su vida cotidiana.

- **PARTICIPE.** La parte con el grupo, en cada sesión, termina con una actividad diseñada para ayudarle a poner en práctica los principios bíblicos que se presentaron en **Conozca la historia** y que se examinaron más profundamente en **Analice la historia**. Este tiempo que se pasa con el grupo, a menudo despierta el interés en los diferentes estilos de aprendizaje y le llevará a relacionarse con el texto bíblico de una manera personal.

DESCUBRIMIENTO INDIVIDUAL

Cada sesión de *El Camino* incluye un material para ser usado de manera individual durante el tiempo que transcurre entre las reuniones del grupo. Este material se divide en tres categorías:

Adoración: Presenta actividades para la adoración y la devoción. Las mismas le ofrecen oportunidades para relacionarse con Dios de forma significativa y para profundizar su relación con Él.

Estudio personal: Presenta un material para realizar un estudio personal. Estas páginas le ayudarán a obtener una comprensión más profunda de las verdades y principios que se analizaron durante el debate en el grupo.

Aplicación: Presenta sugerencias para la aplicación práctica. Estas sugerencias le ayudan a actuar basándose en los conocimientos que ha adquirido y en sus encuentros con Dios.

Nota: Además del **Plan de lectura**, el material provisto en la parte de descubrimiento individual de cada sesión debe considerarse opcional. Sacará más provecho de su estudio personal al trabajar con el líder de su grupo para crear un plan personalizado de discipulado, usando las **Actividades de cada semana** y la lista de comprobación incluidas en cada sesión.

SUGERENCIAS ADICIONALES

- Usted estará mejor preparado para cada intercambio en el grupo o conversación con su mentor si lee de antemano el material de la sesión. Una lectura cuidadosa será más eficaz, pero si su tiempo es muy limitado, puede darle solo un vistazo a las secciones **Comience** y **La historia**.

- En la misma medida en que esté más dispuesto a participar en los intercambios en el grupo y en el descubrimiento individual en cada sesión, mayor será el beneficio que obtendrá de esas experiencias. No se limite ni tema hacer preguntas cada vez que sea necesario.

- A medida que estudie la sección **Comprométase** en cada sesión, tendrá la oportunidad de practicar diferentes actividades y disciplinas espirituales. Aproveche la oportunidad para observar a otros durante el tiempo en el grupo y para hacer preguntas, así que esté preparado para también incorporar esas actividades en su vida espiritual privada.

- Visite lifeway.com/discipulos para descargar gratis un documento PDF que incluye ayudas para el líder de *El caminar del discípulo* y para mayor información acerca de esta serie.

SESIÓN 1

DEFINICIÓN DE DISCÍPULO

Ser un discípulo de Jesús es participar en la misión redentora de Dios para el mundo.

COMIENCE

REFLEXIONE

Bienvenido a El Camino. El objetivo de este estudio es ayudarle a analizar el proceso para desarrollarse y madurar como un discípulo de Jesús. En las siguientes sesiones estudiaremos el peregrinaje de los discípulos de Jesús a través de diferentes pasajes de los Evangelios. En esta sesión vamos a comenzar a adquirir una mejor comprensión de lo que significa ser un discípulo y lo que implica vivir cada día como un discípulo de Cristo.

Use las siguientes preguntas para iniciar la sesión con algunos comentarios.

¿Cuáles son algunas de las palabras que la sociedad utiliza para describir a quienes deciden vivir como discípulos de Jesús?

¿Cuáles son algunas palabras que describen su propia experiencia al vivir como un discípulo de Jesús?

¿Cómo le gustaría a usted crecer y madurar a medida que se esfuerza para seguir a Jesús?

ORE

Dedique unos minutos para orar a Dios. Use el siguiente bosquejo para relacionarse con Él:

- Dé gracias a Dios por la oportunidad de unirse a otros discípulos de Cristo para adquirir una mejor comprensión de lo que significa vivir como un discípulo.
- Alabe a Dios por la forma en que Él ha obrado en su vida.
- Pida sabiduría para todos los presentes a medida que participan en el estudio de la Palabra de Dios.

INTRODUCCIÓN

El idioma inglés tiene muchas peculiaridades. Hay un montón de reglas y principios que supuestamente son para mantener las cosas separadas y en orden. Pero muchas veces esas reglas y principios se superponen de manera extraña, y a veces hasta se contradicen unas a otras.

Hay palabras en inglés que se pueden usar indistintamente como sustantivos y como verbos. Por lo que pueden significar cosas diferentes. Esta situación no se presenta en español donde el verbo es el que lleva la acción y define la existencia de una oración. Lamentablemente, en ocasiones se aplican las reglas gramaticales del inglés al español, sobre todo en algunas traducciones, aunque con resultados desastrosos.

La palabra discípulo es una palabra que puede tener dos implicaciones al mismo tiempo. Los que han experimentado la salvación viven y respiran cada día como discípulos de Jesucristo. En este caso, la palabra define quiénes somos como cristianos. A la vez, esta palabra también expresa lo que hacemos como cristianos. A los seguidores de Jesús se nos llama a hacer discípulos de los cristianos menos maduros, ayudándolos a crecer en su relación con Jesucristo, aunque otros nos estén ayudando a nosotros a crecer como discípulos.

Esto es un proceso y se llama discipulado y es uno de los objetivos principales de este estudio. A medida que usted estudie las páginas siguientes, aprenderá lo que significa encontrar su identidad como un discípulo de Jesús. Y también aprenderá (y experimentará) los beneficios que ofrece el discipulado, al ayudarnos a establecer relaciones más fuertes y profundas con otros cristianos.

¿Cómo resumiría usted en sus propias palabras lo que significa ser un discípulo de Jesucristo?

aprender a compartir
aprendis y seguidor

¿Qué preguntas tiene acerca del significado y el proceso del discipulado?

CONOZCA LA HISTORIA

Juan el Bautista era un hombre con una misión. Dios le había encargado que preparara el camino para el Mesías, es decir, para Jesús. La siguiente historia destaca la misión de Jesús para el mundo. También nos ayuda a adquirir un sentido de nuestro lugar en esta misión como discípulos de Cristo.

29 El siguiente día vio Juan a Jesús que venía a él, y dijo: He aquí el
Cordero de Dios, que quita el pecado del mundo. 30 Este es aquel de
quien yo dije: Después de mí viene un varón, el cual es antes de
mí; porque era primero que yo. 31 Y yo no le conocía; mas para que
fuese manifestado a Israel, por esto vine yo bautizando con agua.

32 También dio Juan testimonio, diciendo: Vi al Espíritu que
descendía del cielo como paloma, y permaneció sobre él. 33 Y yo
no le conocía; pero el que me envió a bautizar con agua, aquél
me dijo: Sobre quien veas descender el Espíritu y que permanece
sobre él, ése es el que bautiza con el Espíritu Santo. 34 Y yo le vi,
y he dado testimonio de que éste es el Hijo de Dios.

35 El siguiente día otra vez estaba Juan, y dos de sus discípulos. 36 Y
mirando a Jesús que andaba por allí, dijo: He aquí el Cordero de
Dios. 37 Le oyeron hablar los dos discípulos, y siguieron a Jesús. 38 Y
volviéndose Jesús, y viendo que le seguían, les dijo: ¿Qué buscáis?
Ellos le dijeron: Rabí (que traducido es, Maestro), ¿dónde moras?
39 Les dijo: Venid y ved. Fueron, y vieron donde moraba, y se
quedaron con él aquel día; porque era como la hora décima.

40 Andrés, hermano de Simón Pedro, era uno de los dos que
habían oído a Juan, y habían seguido a Jesús. 41 Este halló
primero a su hermano Simón, y le dijo: Hemos hallado al Mesías
(que traducido es, el Cristo). 42 Y le trajo a Jesús. Y mirándole
Jesús, dijo: Tú eres Simón, hijo de Jonás; tú serás llamado Cefas
(que quiere decir, Pedro).

JUAN 1:29-42

¿Qué nos enseñan estos versículos acerca de Jesús?

ANALICE LA HISTORIA

JESÚS TIENE UNA MISIÓN PARA EL MUNDO

Estamos analizando la pregunta: ¿Qué significa ser un discípulo de Jesús? Es interesante que la mejor forma de contestar esta pregunta es concentrándonos en la identidad de Jesús y no en el significado de la palabra discípulo. Para comprender lo que significa vivir como seguidores de Jesús, primero tenemos que tener una perspectiva adecuada de Jesús.

¿Cuáles son algunas de las diferentes maneras en las que la gente define hoy a Jesús?

¿Cómo expresaría o explicaría usted quién es Jesús?

Juan el Bautista ofreció varios elementos que identifican a Jesús. Por ejemplo, Juan dice que Jesús existió antes que él, aunque Juan era varios meses mayor que Jesús (Lucas 1). Es importante destacar que Juan identificó a Jesús como: "el cordero de Dios", "el Hijo de Dios" y "el que bautiza con el Espíritu Santo".

Jesús vino a arreglar el problema del pecado. Su muerte y resurrección abrieron la puerta para la redención, estas nos permiten experimentar el perdón de nuestros pecados y vivir en una relación restaurada (o redimida) con Dios. Este es el Evangelio.

Todos estos elementos señalan una verdad importante: Jesús es más que una persona común. En efecto, Jesús es Dios en carne humana. Uno de los conceptos fundamentales del cristianismo es la doctrina de la encarnación, la cual establece que Jesús es completamente Dios y completamente humano. El tiempo de Jesús en la tierra involucró la plenitud de Dios interactuando con la humanidad y con toda la creación, tanto física como históricamente.

Sin embargo, Jesús no vino a la tierra de vacaciones. Él tenía un propósito. Él tenía una misión. Y a esta misión fue a la que Juan el Bautista se refirió cuando vio a Jesús por primera vez: "He aquí el Cordero de Dios, que quita el pecado del mundo" (v. 29).

El mundo ha sido quebrantado y corrompido por el pecado. Nosotros como individuos, estamos quebrantados y corrompidos por el pecado. Pero Jesús vino para arreglar el problema del pecado. Su muerte y resurrección abrieron la puerta para la redención, estas nos permiten experimentar el perdón de nuestros pecados y vivir en una relación restaurada (o redimida) con Dios. Este es el Evangelio.

¿Dónde ha visto usted evidencias de la misión de Jesús?

LOS DISCÍPULOS PARTICIPAN EN LA MISIÓN DE JESÚS

Para vivir como un discípulo de Jesús, primero debemos entender Su misión redentora para el mundo. Como sucede con la mayoría de las cosas, no es suficiente *entender* la misión redentora de Jesús para el mundo. Debemos ir más allá. Debemos tomar acción. Ciertamente, ser un discípulo de Jesús implica participar en Su misión y propósito para el mundo.

Observe en ese pasaje de las Escrituras que Juan el Bautista no estaba satisfecho con reconocer a Jesús como "el Cordero de Dios". Juan se esmeró en proclamar públicamente la verdad acerca de Jesús en muchas ocasiones. Él hizo algo para participar en la misión y el propósito de Jesús. Y su participación produjo frutos, algunos hombres que habían seguido a Juan se convencieron de seguir a Jesús en lugar de seguirlo a él (vv. 37-39). De manera similar, el versículo 40 nos muestra cómo Andrés, uno de los dos hombres que habían estado siguiendo a Juan, participó en la misión de Jesús al compartir las buenas nuevas con su hermano Simón. El esfuerzo de Andrés fue más allá de las palabras. Él llevó a Simón hasta Jesús para que su hermano pudiera experimentar la verdad por sí mismo.

¿Cómo describiría su experiencia de hablar con otros acerca de Jesús? hace es Frustante pero no aceptan.

Además de la evangelización, ¿cuáles son otras maneras en las que podemos participar en la misión de Jesús para el mundo?

Los discípulos de Jesús raramente se comprometieron de manera individual con Su misión. En cambio, los seguidores de Cristo habitualmente trabajaban juntos, relacionándose unos con otros, al mismo tiempo que buscaban llevar adelante Su misión redentora en el mundo.

A medida que lea las Escrituras, y mientras trabaja a través de las páginas de este libro, usted notará que los discípulos de Jesús raramente se comprometieron de manera individual con Su misión. En cambio, los seguidores de Cristo habitualmente trabajaban juntos, relacionándose unos con otros, al mismo tiempo que buscaban llevar adelante Su misión redentora en el mundo. Esto fue realmente lo que prefirió Jesús durante Su ministerio público. Él no reclutó a los convertidos para luego enviarlos a hacer Su obra por separado. En cambio, Él se reunía con los discípulos para que ellos lo pudieran seguir como una comunidad, incluso como una familia.

¿Cuáles son algunas ventajas de trabajar como un equipo para comprometerse en la misión de Jesús para el mundo?

COMPROMÉTASE

Seguir a Jesús no es una actividad individual ni tampoco algo que se puede lograr aislado, a lo menos, por mucho tiempo. En cambio, vivir como un discípulo de Cristo significa vivir con una comunidad de cristianos. Esa comunidad se extiende alrededor del mundo y a través del tiempo para incluir a la iglesia en todas las eras y en todos los lugares. Sin embargo, de una manera más práctica, su comunidad local incluye a los discípulos con quienes usted se relaciona, adora y sirve cada semana.

ayuda mutua

Tome unos minutos para practicar lo que es vivir como una comunidad de discípulos en las dos formas siguientes:

1. **Oren el uno con el otro.** Pasen varios minutos orando juntos como un grupo. Hablen abiertamente acerca de los sucesos más importantes de sus vidas, incluyendo tanto los problemas como los triunfos. Luego tomen turnos para orar el uno por el otro, de manera deliberada y específica.

2. **Relaciónense el uno con el otro.** Planeen un tiempo para reunirse de manera social como un grupo y hacer algo divertido, es preferible que sea antes de la próxima reunión del grupo. Encuéntrense en un parque, coman juntos, vean una película, cualquier cosa que los lleve a unirse como comunidad.

PETICIONES DE ORACIÓN

Gregoria –

Seeri

ACTIVIDADES DE CADA SEMANA

Además de estudiar la Biblia, trabaje con el líder de su grupo para crear un plan de estudio, adoración y aplicación desde este momento hasta la próxima sesión. Seleccione las siguientes actividades opcionales según su preferencia y el tiempo que tenga disponible.

Adoración

- ☑ Lea su Biblia. Cada día realice el plan de lectura que aparece en la página 16.
- ☑ Pase un tiempo con Dios. Use la guía devocional que aparece en la página 17.
- ☑ Comuníquese diariamente con Dios mediante la oración.

Estudio Personal

- ☐ Lea y relaciónese con la sección "Jesús tiene una misión para el mundo", página 18.
- ☐ Lea y relaciónese con la sección "Los discípulos participan en la misión de Jesús", página 20.

Aplicación

- ☐ Este fin de semana, deliberadamente, aproveche al máximo sus experiencias en la iglesia. No desperdicie las oportunidades para dar participación a otros discípulos de Jesús de una manera más importante.
- ☐ Memorice Juan 1:29: "El siguiente día vio Juan a Jesús que venía a él, y dijo: He aquí el Cordero de Dios, que quita el pecado del mundo".
- ☐ Cuando tenga una oportunidad para participar en la misión de Jesús durante esta semana, invite a otro discípulo a unirse a usted.
- ☐ Comience un diario para anotar las diferentes maneras en que todos los días usted se compromete en la misión de Jesús para el mundo. Esa es una manera estupenda de recordar esa misión y evaluar su participación en la misma.
- ☐ Otros:

ADORACIÓN

PLAN DE LECTURA

Esta semana lea los siguientes pasajes de las Escrituras. Utilice el espacio en blanco para anotar sus ideas y comentarios.

Día 1
Lucas 14:25-35

El costo de un disipulo dejar Todo por seguirlo a el lo mas importante cargar mi propia cruz y seguirlo

Día 2
Juan 15:1-17

Permanecer cerca de jesus, y dare fruto Separada de el nada puedo hacer, y dice los he llamado Amigos porque todo lo que aprendi de mi padre los he dicho

Día 3
Juan 17:6-19

jesus esta orando por nosotros sus dicipulos el dice que nos enseño todo y que el mundo nos aborecera pero no el el esta rogando por nosotros

Día 4
Juan 21:15-23

jesus le pregunto a pedro 3 veces me amas, le dijo cuida mis corderos cuida mis obejas 3 Señor tu lo sabes todo

Día 5
Efesios 4:17-32

desasernos de la viega naturalza y revestirnos de la nueva dejar que el espiritu Santo renueve mi mente y corazon

Día 6
2 Timoteo 2:1-13

Día 7
2 Timoteo 2:14-26

PARA SERVIR Y PARA DAR

Como es de esperar, los primeros discípulos de Jesús tuvieron mucho que aprender acerca de lo que significa seguirlo a Él. Por ejemplo, ellos pasaron mucho tiempo en un tipo de extraña rivalidad entre hermanos. Se presionaban y se disputaban entre ellos para ver quién sería el más importante en el Reino de Jesús. Los discípulos sabían que Jesús era algo especial y comprendieron que Él era majestuoso y poderoso. Por lo tanto, cada uno quería ubicarse a sí mismo para recibir la mayor porción de la majestad y el poder que se reflejaría cuando Jesús se pusiera de manifiesto al mundo como Rey.

Desde luego, nada de eso estaba en los planes de Jesús. Y Él se lo dejó saber:

> 42 Mas Jesús, llamándolos, les dijo: Sabéis que los que son tenidos por
> gobernantes de las naciones se enseñorean de ellas, y sus grandes ejercen
> sobre ellas potestad. 43 Pero no será así entre vosotros, sino que el que
> quiera hacerse grande entre vosotros será vuestro servidor, 44 y el que de
> vosotros quiera ser el primero, será siervo de todos. 45 Porque el Hijo del
> Hombre no vino para ser servido, sino para servir, y para dar su vida en
> rescate por muchos.
>
> **MARCOS 10:42-45**

Nosotros también debemos tener cuidado con el orgullo y la ambición a medida que buscamos seguir a Jesús, especialmente porque tales actitudes dañarán nuestra relación con Él. Use las siguientes preguntas para evaluar a su corazón.

¿Qué factores le hacen sentirse celoso o competir con otro discípulo?

¿En qué situaciones se siente superior a otra persona? ¿Por qué?

¿Cómo se siente cuando trabaja a propósito, para el beneficio de otros?

Me siento útil y agradecido que Jesús me de esa oportunidad

Seguir a Jesús no persigue el fin de ganar notoriedad y obtener grandes premios, no en esta vida. En cambio, aquellos que deciden vivir como discípulos de Cristo deben darse constantemente para servir a otros, como Él hizo.

ESTUDIO PERSONAL 1

JESÚS TIENE UNA MISIÓN PARA EL MUNDO

¿Qué significa ser un discípulo de Jesús? Fundamentalmente significa unirse a otros discípulos para participar en Su misión más amplia para el mundo. Con este fin hemos visto que la misión de Jesús se concentra en Su papel como Uno "que quita el pecado del mundo" (Juan 1:29). Pero profundicemos un poco más en esa misión, y en la identidad del mismo Jesús, para comprender mejor qué se espera de nosotros como discípulos.

Juan el Bautista muestra una personalidad interesante para estudiar estos temas. A pesar de que pasó su vida preparando el camino para el Mesías, no se encontró con Jesús hasta el final de su ministerio. No obstante, podemos aprender mucho de Juan cuando se trata de vivir a la luz de la persona y la misión de Jesús.

Por ejemplo, observe el siguiente pasaje:

> 15 Como el pueblo estaba en expectativa, preguntándose todos en sus
> corazones si acaso Juan sería el Cristo, 16 respondió Juan, diciendo a todos:
> Yo a la verdad os bautizo en agua; pero viene uno más poderoso que yo, de
> quien no soy digno de desatar la correa de su calzado; él os bautizará en
> Espíritu Santo y fuego. 17 Su aventador está en su mano, y limpiará su era,
> y recogerá el trigo en su granero, y quemará la paja en fuego que nunca se
> apagará.
>
> **LUCAS 3:15-17**

¿Qué podemos aprender en estos versículos acerca de Juan el Bautista?

¿Qué podemos aprender en estos versículos acerca de Jesús?

En los días de Juan las personas estaban esperando al Mesías, una palabra específica para el Salvador del mundo que se profetizó a lo largo del Antiguo Testamento. Juan sabía que el Mesías sería alguien más grande que él. Alguien con poder para salvar a la gente para la eternidad ("y recogerá el trigo en su granero") y pronunciar juicio por el pecado ("quemará la paja en fuego que nunca se apagará").

Además, Juan entendió que el Mesías le daría acceso a la gente, al Espíritu de Dios. Juan bautizó a la gente con agua, como un símbolo. El Mesías "bautizará en Espíritu Santo y fuego".

Todo esto es importante porque nos ayuda a comprender que la misión de Jesús para el mundo está directamente relacionada con Su autoridad divina y con Su identidad divina. La razón por la que Jesús puede arreglar la fragilidad del mundo es porque Él creó el mundo. La razón por la que Jesús puede ofrecer el perdón por los pecados es porque Él es Dios y, por lo tanto, no ha sido afectado por el pecado. Por estas razones, nos podemos sentir confiados como participantes en la misión de Jesús.

Para vivir como discípulos de Jesús, primero debemos reconocer por completo Su identidad como Dios. Por fortuna, Jesús aclaró Su identidad a lo largo de las Escrituras, observe lo que dice aquí:

> 27 Mis ovejas oyen mi voz, y yo las conozco, y me siguen, 28 y yo les doy vida
> eterna; y no perecerán jamás, ni nadie las arrebatará de mi mano. 29 Mi
> Padre que me las dio, es mayor que todos, y nadie las puede arrebatar de la
> mano de mi Padre. 30 Yo y el Padre uno somos.
>
> **JUAN 10:27-30**

¿Cómo llegó a la conclusión de que Jesús es Dios? Jesus declaro Yo y el Padre somos uno Jesus es Dios

De manera similar, Jesús no negó la naturaleza de Su misión para el mundo. A menudo Él habló de Su propósito y de Sus metas como Salvador.

Lea los siguientes pasajes de las Escrituras y anote cómo contribuyen a su comprensión de la misión de Jesús para el mundo:

Marcos 10:42-45

Lucas 4:16-21

Juan 17:1-5

Vivir como un discípulo de Jesús significa aceptar Su identidad y Su misión para el mundo. Asegúrese de haber dado ese paso decisivo al considerar lo que significa seguirlo a Él cada día.

ESTUDIO PERSONAL 2

LOS DISCÍPULOS PARTICIPAN EN LA MISIÓN DE JESÚS

Para vivir como discípulos de Jesús, debemos aceptar por completo Su misión como el divino Salvador del mundo. Pero eso solo es el primer paso. Además de comprender y aceptar la misión de Jesús para el mundo, también debemos participar en esa misión. Nosotros necesitamos involucrarnos.

Pero, ¿qué significa eso en el aspecto práctico? ¿Cómo vamos realmente a unirnos a Jesús en Su propósito redentor para el mundo? Pasaremos el resto de este libro analizando respuestas a esas preguntas. En específico, nos concentraremos en cuatro maneras en las que Jesús da poder a aquellos que lo siguen:

1. Jesús llama a Sus discípulos.
2. Jesús enseña a Sus discípulos.
3. Jesús prepara a Sus discípulos.
4. Jesús envía a Sus discípulos.

¿En cuál de estos asuntos en esta lista, está usted más interesado? ¿Por qué?

Sin embargo, antes de seguir adelante miremos dos verdades importantes que nos ayudarán a obtener una comprensión más profunda de lo que significa participar en la misión de Jesús para el mundo. Primero, nuestra participación en la misión de Jesús, va más allá de una "participación" en el sentido normal de esta palabra. No participamos con Jesús de la misma manera que participamos en la Asociación de Padres y Maestros o en una campaña de beneficencia, no "contribuimos" a la misión de Jesús en cualquier momento en el que nuestro horario lo permita. No, seguir a Jesús significa entregar nuestras vidas para servirle a Él. El mismo Jesús aclaró esto:

> 23 Y decía a todos: Si alguno quiere venir en pos de mí, niéguese a sí mismo, tome su cruz cada día, y sígame. 24 Porque todo el que quiera salvar su vida, la perderá; y todo el que pierda su vida por causa de mí, éste la salvará.
> **LUCAS 9:23-24**

¿Cuál es su respuesta inicial ante estos versículos?

Jesús no estaba hablando de morir por Su misión, aunque muchos de Sus seguidores lo hicieron a lo largo de los siglos. En cambio, Jesús quiere que nosotros entendamos que unirse a Su propósito para el mundo significa entregarle a Él el control de nuestras vidas. Seguir a Jesús significa que no solo lo recibimos a Él como el Salvador, sino que también nos sometemos a Él como Maestro, Señor y Rey.

¿De qué manera usted ya se ha sometido a Jesús?

¿Qué pasos puede dar usted en las próximas semanas para seguir permitiendo que Él tome el control de su vida?

Segundo, necesitamos entender que nuestra participación en la misión de Jesús está sujeta a Su fuerza y recursos y no en los nuestros. Es fácil para los cristianos tener una idea equivocada sobre este asunto, es fácil para nosotros sentir que el mundo está sobre nuestros hombros y que todos los planes de Dios fracasarán si no oramos con más ahínco, adoramos más tiempo, leemos la Biblia con más frecuencia y evangelizamos hasta desmayarnos.

Por suerte, de nuevo Jesús aclaró las cosas en Su Palabra:

> Yo soy la vid, vosotros los pámpanos; el que permanece en mí, y yo en él, éste lleva mucho fruto; porque separados de mí nada podéis hacer.
> **JUAN 15:5**

¿Cómo se ha beneficiado con la presencia y el poder de Jesús en su vida?

¿Qué clase de fruto espera producir en su vida como un discípulo de Jesús?

Como un discípulo de Jesús, usted participará en Su misión cuando le entregue a Él el control de su vida y dependa incondicionalmente de Sus recursos para trabajar por medio de usted para producir frutos.

SESIÓN 2
JESÚS LLAMA A SUS DISCÍPULOS

Cristo nos encuentra donde estamos y nos transforma a medida que lo seguimos.

REFLEXIONE

En la sesión anterior aprendimos que Jesús tiene una misión específica para el mundo: redimir de la corrupción del pecado al mundo y a los que moramos en él. También vimos que vivir como un discípulo de Jesús, no solo significa comprender el propósito redentor de Jesús para el mundo, sino también aceptar la oportunidad de participar, cada día, en esa misión mientras vivimos.

A medida que usted se prepare para estudiar cómo Jesús llama a Sus discípulos, tome un momento para reflexionar en sus experiencias en estos días.

¿Cuál de las tareas estudió esta semana? ¿Cómo le fue?

¿Qué aprendió o experimentó al leer la Biblia?

¿Qué preguntas le gustaría hacer?

ORE

Comience esta sesión comunicándose con Dios mediante la oración. Use el siguiente bosquejo a medida que habla con Él:

- Alabe a Dios por darle la oportunidad de participar en Su misión para el mundo.
- Exprese su gratitud dando gracias por la manera en que Jesús le ha llamado como Su discípulo. Pida lucidez mientras piensa en los encuentros anteriores con Él.
- Pida sabiduría para emplear la Biblia a medida que estudia el tema del "llamado" como un discípulo de Cristo.

INTRODUCCIÓN

"¡Te quiero a TI!"

La mayoría de los estadounidenses están familiarizados con el famoso cartel de reclutamiento del Uncle Sam [Tío Sam], vestido con un traje azul, corbata roja y un sombrero con estrellas blancas, señalando directamente al espectador. Su cara tiene una expresión severa y seria. Su posición es de confianza y su pelo blanco ofrece un aire tanto de autoridad como de experiencia. El texto completo dice: "¡Te quiero en el Army de los E.U.A!"

Lo que muchos no saben es que la imagen del cartel se creó para la cubierta de la revista Leslie's Weekly que salió el 6 de julio de 1916 con el título "¿Qué estás haciendo para estar preparado?" Después adaptaron la imagen para el ahora famoso cartel militar del que se imprimieron más de cuatro millones de copias entre 1917 y 1918 como un medio para el reclutamiento durante la Primera Guerra Mundial. Debido a su éxito, el cartel se volvió a usar décadas más tarde cuando los Estados Unidos entraron en la Segunda Guerra Mundial. James Montgomery Flagg, el artista que creó originalmente la imagen, más tarde declaró que este fue "el cartel más famoso en el mundo".

Una razón por la que el cartel mantiene su popularidad, es porque nos recuerda la profunda relación que existe entre nosotros y nuestro país. No somos una colección pedida de individuos, corriendo en derredor y haciendo nuestras cosas, aunque a veces parece ser así. En tiempos de guerra o crisis, este cartel es un llamado a la acción, animándonos no solo a recordar nuestra identidad nacional, sino también a participar defendiendo las ideas y principios clave que definen nuestro modo de vida.

¿Cuándo se ha sentido feliz por unirse a un grupo o una causa?

¿Ha escuchado recientemente algún eslogan de reclutamiento o llamamiento que le ha parecido urgente?

Como veremos en esta sesión, Jesús usó diferentes formas para reclutar a Sus discípulos, durante Su ministerio público en la tierra, pero Él los reclutó a ellos. De una manera activa, Él buscó seguidores y los llamó para que se unieran a Él en Su misión para el mundo. Todavía hoy, Jesús sigue reclutando a Sus discípulos. En realidad, el primer paso para vivir como un discípulo de Cristo, es responder a Su llamado.

CONOZCA LA HISTORIA

Al principio de Su ministerio público, Jesús reunió intencionalmente a una cantidad de discípulos a Su alrededor. Como era la costumbre de los rabíes en aquellos días, Jesús intentó que estos jóvenes lo siguieran a Él durante Sus viajes para que aprendieran de Él y para que contribuyeran a Su ministerio.

Esta historia nos muestra cómo Jesús llamó a dos de aquellos primeros discípulos.

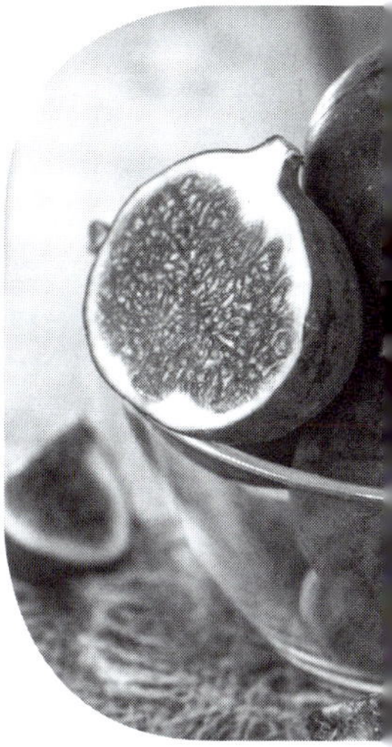

> 43 El siguiente día quiso Jesús ir a Galilea, y halló a Felipe, y le
> dijo: Sígueme. 44 Y Felipe era de Betsaida, la ciudad de Andrés y
> Pedro. 45 Felipe halló a Natanael, y le dijo: Hemos hallado a aquél
> de quien escribió Moisés en la ley, así como los profetas: a Jesús,
> el hijo de José, de Nazaret. 46 Natanael le dijo: ¿De Nazaret puede
> salir algo de bueno? Le dijo Felipe: Ven y ve.
>
> 47 Cuando Jesús vio a Natanael que se le acercaba, dijo de él:
> He aquí un verdadero israelita, en quien no hay engaño. 48 Le
> dijo Natanael: ¿De dónde me conoces? Respondió Jesús y le
> dijo: Antes que Felipe te llamara, cuando estabas debajo de la
> higuera, te vi.
>
> 49 Respondió Natanael y le dijo: Rabí, tú eres el Hijo de Dios; tú
> eres el Rey de Israel.
>
> 50 Respondió Jesús y le dijo: ¿Porque te dije: Te vi debajo de la
> higuera, crees? Cosas mayores que estas verás. 51 Y le dijo: De
> cierto, de cierto os digo: De aquí adelante veréis el cielo abierto,
> y a los ángeles de Dios que suben y descienden sobre el Hijo del
> Hombre.
>
> **JUAN 1:43-51**

¿Qué nos enseñan estos versículos acerca de seguir a Jesús?

¿Cómo resumiría el proceso mediante el cual Natanael se convirtió en un discípulo? de incredulo a credulo

---

ANALICE LA HISTORIA

LOS DISCÍPULOS TIENEN UN ENCUENTRO CON JESÚS

El primer paso para convertirse en un discípulo de Jesús es encontrándose con Él de una manera profunda e importante. Nadie hereda de sus padres una relación con Jesús. Nadie gana la categoría de discípulo por asistir a la iglesia, hacer cosas buenas o evitar las cosas malas. Nos convertimos en discípulos de Cristo, cuando tenemos una experiencia con Él que cambia nuestras vidas.

¿Cómo ha cambiado su vida después de tener un encuentro con Jesús?

No hay un modelo para recibir el llamado para seguir a Jesús. No hay palabras mágicas que usted tenga que repetir y no hay una cantidad de pasos que deba seguir para considerarse, oficialmente, un cristiano.

Vemos en Juan 1:43-51, que de manera interesante, Felipe y Natanael encontraran a Jesús de diferente forma. Felipe recibió un llamado directo de Jesús. El Salvador específicamente lo buscó a él y le dijo: "Sígueme". Natanael, por otra parte, necesitó más tiempo para convencerse y resistió el intento de Felipe de evangelizarlo, y se burló de la idea de que el Mesías, que las Escrituras habían profetizado como el Salvador del pueblo de Dios, pudiera venir de un pueblo tan insignificante como Nazaret. Incluso, cuando conoció a Jesús, Natanael cuestionó la valoración que hizo Jesús sobre su carácter preguntándole: "¿De dónde me conoces?" Felizmente para Natanael, él no fue terco hasta el punto de ser incrédulo. Cuando Jesús se reveló a sí mismo de una manera sobrenatural, Natanael respondió sometiéndose ante el Salvador en adoración y alabanza. "¡Tú eres el Hijo de Dios!" Dijo, reconociendo que Jesús era en realidad el Mesías. "¡Tú eres el Rey de Israel!"

Todo esto nos indica que no hay un modelo para recibir el llamado para seguir a Jesús. No hay palabras mágicas que usted tenga que repetir y no hay un número de pasos que deba seguir para considerarse oficialmente un cristiano. Por el contrario, los seguidores de Jesús son aquellos que sencillamente responden a Su llamado.

¿Qué ha escuchado o qué le han enseñado acerca del proceso de la salvación?

¿Qué ha escuchado o qué le han enseñado acerca de lo que sucede después de la salvación?

JESÚS TRANSFORMA A LOS DISCÍPULOS

Anteriormente dijimos que el primer paso para convertirse en un discípulo de Jesús es tener un encuentro con Él que cambie nuestra vida. Ese realmente fue el caso de Felipe y de Natanael.

Observe que Felipe reaccionó a su encuentro con Jesús buscando de inmediato a las personas que él quería para contarles acerca de Jesús. Él quería que ellos tuvieran un encuentro similar con Él, así que anunció las buenas nuevas sin avergonzarse ni dudar. Al parecer, él en un instante, se transformó en un evangelista.

No se pierda esto. A menudo los cristianos creen que ellos necesitan llegar a ser " cristianos maduros" antes de poder empezar a anunciar el mensaje del Evangelio. Son muchos los discípulos que guardan silencio sobre su encuentro con Jesús, porque no quieren que los vean como excéntricos o porque no quieren imponerse en el tiempo y las creencias de otros.

La verdad es que cuando experimentamos algo que cambia nuestra vida para mejorar, casi no podemos guardar silencio y dejar de contar la noticia. Esa es nuestra reacción natural cuando encontramos algo (o Alguien) que nos produce gozo.

¿Qué emociones experimentó al pensar en proclamar el Evangelio entre aquellos que usted ama?

Natanael también cambió después de su encuentro con Jesús. La primera vez que le hablaron de Jesús, él estuvo escéptico y un poco sarcástico. Pero después de ver a Jesús cara a cara, respondió con una adoración genuina. Su conducta cambió luego de responder al llamado de Jesús. Desde luego, este solo era el inicio de su transformación espiritual. Tanto Felipe como Natanael anduvieron con Jesús durante años, antes de Su muerte y resurrección. Después, ellos sirvieron con fidelidad en la iglesia primitiva y, de acuerdo a la tradición de la iglesia, se convirtieron en mártires por causa de su fe en Cristo. En el transcurso de sus vidas, continuaron desarrollándose y madurando como discípulos de Jesús. Eso mismo debe suceder con nosotros.

¿Cómo ha experimentado la transformación espiritual?

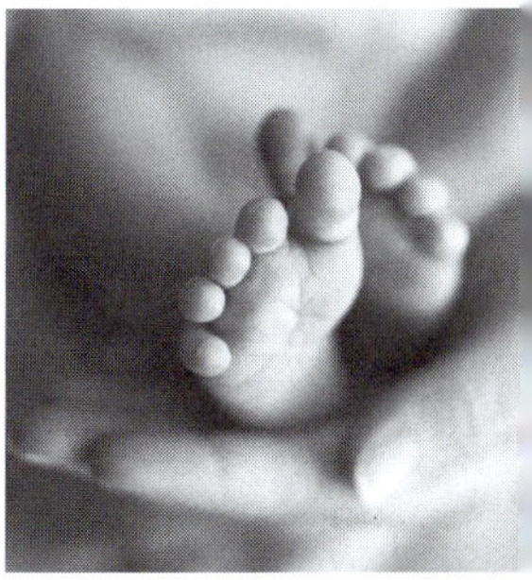

Cuando experimentamos algo que cambia nuestra vida para mejorar, no podemos guardar silencio y dejar de contar la noticia. Esa es nuestra reacción natural cuando encontramos algo (o Alguien) que nos produce gozo.

COMPROMÉTASE

Hablar de sus primeros encuentros con Jesús, es una manera magnífica de presentar el mensaje del Evangelio a los que necesitan escucharlo. Usted no necesita escribir un testimonio elegante ni un sermón en miniatura, sencillamente diga lo que usted ha experimentado y cómo usted ha cambiado, como una consecuencia de ese encuentro.

Use el espacio que está debajo para esbozar o dibujar sus primeros encuentros con Jesús y cómo esos encuentros han cambiado su vida. Después de unos minutos, practique contándole su historia a alguien.

Su primer encuentro con Jesús

Cómo cambió usted

dejando de ponerme en
primer lugar yo. compartir
como Jesus siempre ha cuidado
y suplido todos mis necesidades

PETICIONES DE ORACIÓN

ACTIVIDADES DE CADA SEMANA

Además de estudiar la Biblia, trabaje con el líder de su grupo para crear un plan de estudio, adoración y aplicación desde este momento hasta la próxima sesión. Seleccione las siguientes actividades opcionales según su preferencia y el tiempo que tenga disponible.

⬆ Adoración

- [x] Lea su Biblia. Cada día realice el plan de lectura que aparece en la página 30.
- [ ] Pase un tiempo con Dios. Use la guía devocional que aparece en la página 31.
- [ ] Comuníquese diariamente con Dios mediante la oración.

➡ ⬅ Estudio Personal

- [ ] Lea y relaciónese con la sección "Los Discípulos tienen un encuentro con Jesús", en la página 32.
- [ ] Lea y relaciónese con la sección "Los discípulos son transformados por Jesús", en la página 34.

⬅ ➡ Aplicación

- [ ] Esta semana busque una oportunidad para contar su testimonio. Cuando considere que es el momento oportuno para presentar el Evangelio a alguien, hable sin temor sobre su experiencia como un discípulo de Jesús.
- [ ] Busque un nuevo encuentro con Jesús. Como seguidor de Jesús, es fácil caer en la rutina. Por lo tanto, haga un esfuerzo para relacionarse con Cristo de una manera nueva y refrescante.
- [x] Memorice Marcos 2:17: "Al oír esto Jesús, les dijo: Los sanos no tienen necesidad de médico, sino los enfermos. No he venido a llamar a justos, sino a pecadores".
- [ ] Escriba algo acerca de sus primeros encuentros con Jesús y, además, anote lo que experimentó cuando decidió seguir a Cristo por primera vez, y cómo su vida ha cambiado desde entonces.
- [ ] Otros:

ADORACIÓN

PLAN DE LECTURA

Esta semana lea los siguientes pasajes de las Escrituras. Utilice el espacio en blanco para anotar sus ideas y comentarios.

Día 1
Mateo 5:1-16

Día 2
Lucas 5:1-11

Día 3
Romanos 5:1-21

Día 4
Romanos 12:1-21

Día 5
Efesios 4:17-32

Día 6
Colosenses 3:1-17

Día 7
Apocalipsis 21:1-27

ORACIÓN DE JESÚS

Juan 17 es un capítulo interesante en los Evangelios. El capítulo completo es una larga oración que Jesús pronunció casi al final de la Última Cena con Sus discípulos. Jesús comenzó orando por Sí mismo, pidiendo que el Padre lo glorificara a Él mientras que Él buscaba glorificar al Padre al hacer la obra para la cual fue llamado. Después hay varios versículos en los que Jesús está orando por los discípulos que estaban con Él.

¿Puede imaginarse cómo sería si Jesús, específicamente orara por usted? En realidad, ¡eso sucedió! Después de orar por los discípulos que estaban presentes con Él en ese momento, Jesús oró por todos Sus discípulos que vendrían más tarde, incluyéndolo a usted.

Aquí está la primera parte de esa oración:

> 20 Mas no ruego solamente por éstos,
> sino también por los que han de creer en mí
> por la palabra de ellos,
> 21 para que todos sean uno;
> como tú, oh Padre, en mí, y yo en ti,
> que también ellos sean uno en nosotros;
> para que el mundo crea que tú me enviaste.
> **JUAN 17:20-21**

¿Cómo se siente al saber que Jesús oró por usted antes de Su sacrificio en la cruz?

Lea toda la oración de Jesús en Juan 17:20-26.
¿Qué le parece que es lo más interesante en estos versículos? ¿Por qué?

Pase unos minutos haciéndose eco de Jesús orando por medio de estos versículos, luego escuche a Dios hablar. ¿Qué está Él diciendo a su corazón?

➔ ➔ ESTUDIO PERSONAL 1

LOS DISCÍPULOS TIENEN UN ENCUENTRO CON JESÚS

Jesús llamó personalmente a Felipe y a Natanael para que lo siguieran. Este es también el caso de otros muchos discípulos durante la vida de Jesús, incluyendo a hombres como Pedro, Santiago, Juan y Mateo (vea Mateo 10:2-4), y también llamó a mujeres como María Magdalena, Juana y Susana (vea Lucas 8:1-3). Estas personas y muchas otras sirvieron y ayudaron a Jesús durante Su ministerio en la tierra.

Lo interesante es que Jesús continuó llamando personas para Él, incluso después de terminar Su ministerio terrenal —aun después de que Su muerte, resurrección y ascensión fue consumada. Por ejemplo, Jesús, personalmente y de manera específica, se acercó a un fariseo llamado Saulo de Tarso:

> 1 Saulo, respirando aún amenazas y muerte contra los discípulos del Señor,
> vino al sumo sacerdote, 2 y le pidió cartas para las sinagogas de Damasco,
> a fin de que si hallase algunos hombres o mujeres de este Camino, los
> trajese presos a Jerusalén. 3 Mas yendo por el camino, aconteció que al llegar
> cerca de Damasco, repentinamente le rodeó un resplandor de luz del cielo;
> 4 y cayendo en tierra, oyó una voz que le decía: Saulo, Saulo, ¿por qué me
> persigues?
>
> 5 El dijo: ¿Quién eres, Señor?
>
> Y le dijo: Yo soy Jesús, a quien tú persigues; dura cosa te es dar coces
> contra el aguijón. 6 El, temblando y temeroso, dijo: Señor, ¿qué quieres que
> yo haga? Y el Señor le dijo: Levántate y entra en la ciudad, y se te dirá lo
> que debes hacer.
>
> **HECHOS 9:1-6**

Saulo se había dedicado de lleno a seguir su rumbo en la vida, que implicaba "respirar amenazas y muerte contra los discípulos del Señor". Sin embargo, cuando se encontró con Jesús, respondió al llamado de Él, y todo cambió. Saulo cambió. Él se alejó por completo de su vieja manera de vivir y comenzó el peregrinaje de seguir a Cristo. Hoy, conocemos a Saulo por su otro nombre: el apóstol Pablo.

La historia de Pablo es importante porque nos recuerda la necesidad de arrepentirnos cuando respondemos al llamado de Jesús.

¿Qué ideas o imágenes le vienen a la mente cuando escucha la palabra "arrepentirse"?

Arrepentirse es apartarse de algo o cambiar de idea. Y eso es lo que Jesús nos llama a hacer. Él quiere que nos alejemos de nuestro modo de vida anterior y de la dirección que llevábamos y que lo sigamos a Él. En realidad, de acuerdo con el Evangelio de Mateo, el arrepentimiento era el tema principal del ministerio temprano de Jesús.

> "Desde entonces comenzó Jesús a predicar, y a decir: Arrepentíos, porque el reino de los cielos se ha acercado".
> **MATEO 4:17**

> [14] Después que Juan fue encarcelado, Jesús vino a Galilea predicando el
> Evangelio del Reino de Dios, [15] diciendo: El tiempo se ha cumplido, y el
> Reino de Dios se ha acercado; arrepentíos, y creed en el Evangelio.
> **MARCOS 1:14-15**

¿Qué papel jugó el arrepentimiento en su decisión de seguir a Jesús?

El arrepentimiento es la base fundamental para aceptar a Jesus como señor y salvador

El arrepentimiento es un paso necesario para responder al llamado de Jesús. Sin embargo, no es un paso que usted da solo una vez. Continuamos alejándonos de Dios y de Su misión para el mundo incluso después que decidimos seguirlo a Él.

arrepentimiento continuo

Por lo tanto, ser un discípulo de Jesús es vivir una vida de arrepentimiento en la cual con regularidad nos volvemos para alejarnos del pecado y una vez más decidimos contestar a Su llamado.

¿En qué aspectos de su vida necesita arrepentirse de sus pecados y volver a Jesús?

¿Qué pasos puede dar para asegurarse de que el arrepentimiento sea una parte habitual de su vida espiritual?

ESTUDIO PERSONAL 2

LOS DISCÍPULOS SON TRANSFORMADOS POR JESÚS

Es cierto que el apóstol Pablo tomó, conscientemente, la decisión de arrepentirse después de encontrarse con Jesús en el camino a Damasco. Él cambió, de oponerse por completo a la causa de Cristo, de perseguidor y hasta de matar a los discípulos de Jesús, a invertir sus recursos en el progreso de esa causa. Él cambió por completo la trayectoria de su vida.

Sin embargo, también es cierto que Pablo no hizo ese cambio tan drástico completamente por sí mismo. Él fue capaz de cambiar el rumbo de su vida, porque él había sido cambiado. Pablo fue transformado durante su encuentro con Jesús, él llegó a ser alguien diferente a lo que había sido.

Este fenómeno es lo que hoy llamamos una transformación espiritual. El mismo Pablo lo describe mejor en una de sus cartas a la iglesia primitiva:

> De modo que si alguno está en Cristo, nueva criatura es; las cosas viejas pasaron; he aquí todas son hechas nuevas.
> **2 CORINTIOS 5:17**

¿Cuáles son algunas de las "cosas viejas" que han desaparecido de su vida?

¿Qué "cosas nuevas" ha experimentado después de encontrarse con Jesús?

El tipo de transformación que experimentamos de inmediato, después de encontrarnos con Jesús, es lo que se conoce como la justificación. Este es un término legal que destaca la culpa que todos llevamos debido a nuestros pecados. La buena noticia del Evangelio es que cuando respondemos al llamado de Dios, experimentamos el perdón de nuestros pecados de una manera que cambia nuestro estatus legal ante Dios —llegamos a ser justificados ante los ojos de Dios porque estamos cubiertos con la justicia de Jesús. Pablo explica esto así:

> 9 Pues mucho más, estando ya justificados en su sangre, por él seremos
> salvos de la ira. 10 Porque si siendo enemigos, fuimos reconciliados con
> Dios por la muerte de su Hijo, mucho más, estando reconciliados, seremos
> salvos por su vida.
> **ROMANOS 5:9-10**

Lea los siguientes pasajes de las Escrituras y anote cómo ellos han contribuido a su comprensión de la justificación.

Hebreos 9:19-22 Que Jesus con su sangre derramada en la cruz nos ha redimido justificado delante de Dios

Romanos 5:6-9 Solo por la sangre de Cristo ya somos justificados ante Dios. justificación (yo ya no tengo que hacer nada el lo hizo TODO

Gálatas 2:15-16 Que somos justificados por la Fe en Jesucristo y no por las obras de la ley.

Mientras que la justificación describe la transformación espiritual que experimentamos inmediatamente después que nos encontramos con Jesús y decidimos seguirlo, ese no es el final. De hecho, seguir a Jesús es ser transformado continuamente, de manera que lleguemos a ser más y más semejantes a Él, a medida que continuamos siguiéndolo. Esta transformación continua nos lleva más cerca de llegar a ser la persona que originalmente Dios planeó que llegáramos a ser.

Este proceso se conoce como la santificación. De nuevo, Pablo nos ayuda a entender:

al proceso de ser tranformado poco a poco se llama Santificacion.

> Por tanto, nosotros todos, mirando a cara descubierta como en un espejo la gloria del Señor, somos transformados de gloria en gloria en la misma imagen, como por el Espíritu del Señor.
> **2 CORINTIOS 3:18**

¿Siente usted que con regularidad experimenta una transformación espiritual como un seguidor de Jesús? Explique.

aveces cuando me doy cuenta que no reacciono o actuo de la misma manera que lo hacia antes

¿En la actualidad, qué obstáculos le impiden experimentar más profundamente la transformación espiritual?

SESIÓN 3

JESÚS ENSEÑA A SUS DISCÍPULOS

Los discípulos están llamados a aprender acerca de Jesús y a aprender de Jesús.

REFLEXIONE

En la sesión anterior estudiamos algunas de las diferentes maneras en las que Jesús llamó a Sus primeros discípulos. También seguimos ampliando nuestra comprensión de lo que significa vivir como un discípulo de Jesús, observando que todos los discípulos tienen un encuentro con Jesús que comienza el proceso de la transformación espiritual. Este es un proceso que continuará cambiándonos durante toda nuestra vida, hasta que lleguemos a ser la persona que Dios creó originalmente.

A medida que usted se prepara para estudiar cómo Jesús enseña a Sus discípulos, tome un momento para reflexionar en sus experiencias en estos días.

¿Cuál de las tareas estudió esta semana? ¿Cómo le fue?

¿Qué aprendió o experimentó al leer la Biblia?

¿Qué preguntas le gustaría hacer?

ORE

Comience esta sesión comunicándose con Dios mediante la oración. Use el siguiente bosquejo a medida que habla con Él:

- Dele gracias a Dios por las formas en las que le ha llamado a Su Reino, y por Su continua obra para la transformación espiritual de su vida.
- Pídale a Dios que le hable con claridad a su corazón por medio de Su Palabra. Pida sabiduría para entender las verdades con las que se encontrará al relacionarse con la Biblia.
- Sométase a Dios como su Maestro y comprométase a poner en práctica lo que aprenda por medio de este estudio.

INTRODUCCIÓN

Cuando escucha la palabra falsificado, ¿qué es lo primero que surge en su mente? Es dinero, ¿verdad? Los delincuentes fabrican dinero falso y procuran hacerlo pasar como dinero auténtico, tratando de engañar a los comerciantes para que acepten el dinero falsificado.

Debido a que el dinero falso es una amenaza, los cajeros y los que con regularidad lidian con dinero en efectivo, necesitan aprender a diferenciar el dinero real y el falsificado. Específicamente, los cajeros en los bancos son entrenados para que puedan distinguir el dinero falsificado, de manera que su banco no sea víctima del fraude.

La manera en la que los bancos entrenan a los cajeros para reconocer las falsificaciones es muy interesante. Ellos no aprenden los métodos para falsificar dinero. Ellos no tienen el currículum de la gente que produce dinero falso. Ellos ni siquiera pasan tiempo estudiando los billetes falsos de $100. En cambio, los empleados del banco aprenden a reconocer el dinero falso, estudiando atentamente el es real. Ellos entrenan sus ojos y sus sentidos observando, oliendo, sintiendo e interactuando continuamente con dinero verdadero para poder reconocer el dinero falso cuando este aparezca.

Así también sucede con el discipulado. Si queremos saber a qué debe parecerse un discípulo, lo que debe creer y hacer, necesitamos conocer a Aquel que nos llamó a seguirlo.

Lo que asusta de la falsificación es que se ve casi igual a lo que es verdadero. En lo externo no parece ser diferente. ¿Por qué asusta esto? Porque con facilidad podríamos descubrirnos a nosotros mismos, siguiendo las formalidades como discípulos de Jesús, pero siendo falsos en lo principal. Muchas de las actividades de un discípulo pueden ser practicadas sin integridad, y sin embargo, aparentar ante el mundo que son auténticas.

¿Cuáles son algunas acciones de los discípulos de Jesús que son fáciles de falsificar?

¿Por qué en el Reino de Dios es peligrosa la hipocresía?

Es hora de estudiar lo que es verdadero. En esta sesión nos concentraremos en Jesús como nuestro Maestro. Buscaremos aprender de Él, y acerca de Él, a medida que analizamos nuestras responsabilidades en el proceso de seguir adelante como discípulos de Cristo.

CONOZCA LA HISTORIA

Las palabras de Jesús en Mateo 5-7 se conocen hoy como el Sermón del Monte. No hay dudas de que este es el sermón más famoso que jamás se haya predicado y que lo predicó el mejor Predicador que haya existido. Por lo tanto, merece nuestra atención. Pero mientras estudiamos el sermón de Jesús, vamos a poner nuestra atención en dos pasajes clave que con frecuencia se obvian.

> 1 Viendo la multitud, subió al monte; y sentándose, vinieron a él
> sus discípulos. 2 Y abriendo su boca les enseñaba.
> **MATEO 5:1-2**

> 24 Cualquiera, pues, que me oye estas palabras, y las hace, le
> compararé a un hombre prudente, que edificó su casa sobre la
> roca. 25 Descendió lluvia, y vinieron ríos, y soplaron vientos, y
> golpearon contra aquella casa; y no cayó, porque estaba fundada
> sobre la roca. 26 Pero cualquiera que me oye estas palabras y
> no las hace, le compararé a un hombre insensato, que edificó
> su casa sobre la arena; 27 y descendió lluvia, y vinieron ríos, y
> soplaron vientos, y dieron con ímpetu contra aquella casa; y cayó,
> y fue grande su ruina. 28 Y cuando terminó Jesús estas palabras,
> la gente se admiraba de su doctrina; 29 porque les enseñaba como
> quien tiene autoridad, y no como los escribas.
> **MATEO 7:24-29**

¿Cuándo se ha sorprendido por la manera en la que una persona enseña o se expresa?

¿Cómo resumiría usted el mensaje principal de estos pasajes de las Escrituras?

Obedecer lo que aprendemos

Estos dos pasajes nos ayudan a comprender la necesidad de aprender de Jesús y de tomar acción para obedecer lo que aprendemos mientras lo seguimos.

ANALICE LA HISTORIA

LOS DISCÍPULOS ADOPTAN UNA ACTITUD PARA APRENDER

Una de las características distintivas del sermón de Jesús fue la regularidad con la que Él daba un viraje completo al sentido común para mostrarnos cómo es un discípulo verdadero. Jesús repitió mucho la frase: "Oísteis que fue dicho", antes de referirse a interpretaciones de la ley del Antiguo Testamento o a las normas sociales. Entonces, aumentaba la tensión al decir: "Pero yo os digo". Una y otra vez Jesús llamó a Sus discípulos a un nivel mayor de obediencia. Él los presionaba a dar forma a la sociedad que los rodeaba en lugar de hacer lo mismo que todos los demás estaban haciendo.

Lea Mateo 5:1-12. ¿Cuál de las declaraciones de Jesús considera que es la que está más en contra de los valores de la sociedad? ¿Por qué?

Los discípulos de Jesús adoptan una actitud para aprender. Por lo tanto, Sus enseñanzas los bendecían.

Aunque es maravilloso leer las enseñanzas de Jesús, no se pierda estos dos primeros versículos:

> 1 Viendo la multitud, subió al monte; y sentándose, vinieron a él sus discípulos. 2 Y abriendo su boca les enseñaba.
> MATEO 5:1-2

Observe que no todos escucharon las enseñanzas de Jesús. No todos lo siguieron a subir al monte. Pero Sus discípulos lo siguieron. Ya ellos habían abandonado gran parte de sus vidas "normales" para viajar con Él. Y ahora habían seguido la difícil ruta subiendo por la ladera de la montaña para sentarse a Sus pies. Los discípulos de Jesús adoptaban una actitud para aprender. Por lo tanto, Sus enseñanzas los bendecían.

¿En qué situaciones escucha con frecuencia a Jesús de un modo importante?

¿Con qué actitud se dispone a aprender de Jesús en esta semana?

Adoptar una actitud para aprender de Jesús es un paso necesario para Sus discípulos. Pero no es el paso final en el proceso.

LOS DISCÍPULOS OBEDECEN LO QUE APRENDEN

Cuando usted piensa en esto, existe una gran diferencia entre los estudiantes y los discípulos. Ambos están interesados en aprender de un maestro. Sin embargo, los estudiantes aprenden para obtener el beneficio de la información, aprenden para aprobar un examen o para alcanzar un título. Los discípulos, por otra parte, aprenden para obtener el beneficio de la obediencia. Aprenden para actuar.

Por eso Jesús advertía con regularidad a la gente que estuviera consciente de sus frutos. Observe lo que Él dijo en Mateo 7.

> 15 Guardaos de los falsos profetas, que vienen a vosotros con
> vestidos de ovejas, pero por dentro son lobos rapaces. 16 Por sus
> frutos los conoceréis. ¿Acaso se recogen uvas de los espinos, o
> higos de los abrojos? 17 Así, todo buen árbol da buenos frutos,
> pero el árbol malo da frutos malos.
>
> **MATEO 7:15-17**

¿Cuándo experimentó la tensión entre creer que algo es cierto y actuar según esa creencia?

A menudo, las tormentas de la vida son crueles para los seguidores de Jesús. Por lo tanto, necesitamos un fundamento firme, necesitamos algo sólido sobre lo cual podamos edificar nuestra vida, sobrevivir las tormentas y seguir participando en la misión de Jesús para el mundo. Es evidente que las enseñanzas de Jesús ofrecen el único fundamento seguro sobre el cual podemos construir. Él es la Roca. Al mismo tiempo, las enseñanzas de Jesús solo sirven como un fundamento útil cuando uno actúa de acuerdo con ellas. Es necesaria la obediencia, si es que no queremos edificar sobre la arena.

Las enseñanzas de Jesús ofrecen el único fundamento seguro sobre el cual podemos construir. Él es la Roca.

¿Cuáles son algunas enseñanzas clave de Jesús que todos los discípulos deben creer? (Examine Mateo 5–7 para encontrar ejemplos).

¿Qué acciones se requieren o están implícitas en estas enseñanzas?

COMPROMÉTASE

Ser parte de una comunidad de creyentes es una manera excelente de relacionarse con las enseñanzas de Jesús de una manera que ayude a su comprensión y obediencia. Asociarse con otros discípulos para estudiar la Palabra de Dios es provechoso, especialmente cuando los pasajes son profundos o difíciles de entender. Y formar parte de una comunidad ofrece muchas oportunidades para rendirse cuentas. Eso ayuda que sea más difícil para nosotros, ignorar lo que sabemos que es cierto.

Por estas razones, trabajen juntos para hacer frente a la siguiente porción de las enseñanzas de Jesús:

> 25 Por tanto os digo: No os afanéis por vuestra vida, qué habéis de comer
> o qué habéis de beber; ni por vuestro cuerpo, qué habéis de vestir. ¿No
> es la vida más que el alimento, y el cuerpo más que el vestido? 26 Mirad
> las aves del cielo, que no siembran, ni siegan, ni recogen en graneros; y
> vuestro Padre celestial las alimenta. ¿No valéis vosotros mucho más que
> ellas? 27 ¿Y quién de vosotros podrá, por mucho que se afane, añadir a su
> estatura un codo? 28 Y por el vestido, ¿por qué os afanáis? Considerad los
> lirios del campo, cómo crecen: no trabajan ni hilan; 29 pero os digo, que
> ni aun Salomón con toda su gloria se vistió así como uno de ellos. 30 Y
> si la hierba del campo que hoy es, y mañana se echa en el horno, Dios
> la viste así, ¿no hará mucho más a vosotros, hombres de poca fe? 31 No
> os afanéis, pues, diciendo: ¿Qué comeremos, o qué beberemos, o qué
> vestiremos? 32 Porque los gentiles buscan todas estas cosas; pero vuestro
> Padre celestial sabe que tenéis necesidad de todas estas cosas. 33 Mas
> buscad primeramente el Reino de Dios y su justicia, y todas estas cosas
> os serán añadidas.
>
> 34 Así que, no os afanéis por el día de mañana, porque el día de mañana
> traerá su afán. Basta a cada día su propio mal.
>
> **MATEO 6:25-34**

¿Cuáles son las verdades clave en este pasaje?
¿Cómo pudiera aplicar estas verdades en su vida en esta semana?

PETICIONES DE ORACIÓN

....

....

....

ACTIVIDADES DE CADA SEMANA

Además de estudiar la Biblia, trabaje con el líder de su grupo para crear un plan de estudio, adoración y aplicación desde este momento hasta la próxima sesión. Seleccione las siguientes actividades opcionales según su preferencia y el tiempo que tenga disponible.

Adoración

☑ Lea su Biblia. Cada día realice el plan de lectura que aparece en la página 44.

☐ Pase un tiempo con Dios. Use la guía que aparece en la página 45.

☐ Comuníquese diariamente con Dios mediante la oración. En específico, concéntrese en realizar pequeñas oraciones a lo largo del día, pidiendo que Jesús le ayude a permanecer en una actitud que le permita escucharlo a Él y obedecer Sus enseñanzas.

Estudio Personal

☐ Lea y relaciónese con la sección "Los discípulos adoptan una actitud para aprender", en la página 46.

☐ Lea y relaciónese con la sección "Los discípulos obedecen lo que aprenden", en la página 48.

Aplicación

☐ Esta semana lea el Sermón del Monte (Mateo 5–7). Le recomendamos que lo lea en voz alta, como una manera de aumentar su concentración en el texto.

☐ Invite a un amigo o a un miembro de su familia a estudiar la Palabra de Dios con usted. Leer la Biblia con otros puede ayudarle a tener una actitud para aprender.

☐ Memorice Mateo 7:24: "Cualquiera, pues, que me oye estas palabras, y las hace, le compararé a un hombre prudente, que edificó su casa sobre la roca".

☐ Para continuar el diario, escriba las diferentes maneras en las que usted ve el fruto del Espíritu manifestarse en usted y en las personas que le rodean (vea Gálatas 5:22-23). Intencionalmente busque algunos ejemplos y anótelos.

☐ Otros:

ADORACIÓN

PLAN DE LECTURA

Esta semana lea los siguientes pasajes de las Escrituras. Utilice el espacio en blanco para anotar sus ideas y comentarios.

Día 1 Felices Bendecidos son los que guardan
Salmos 119:1-24 tu palabra, y hablan de ella a otros
Tú nos enseñas capacitas
119:18 abre mis ojos y miraré las maravillas de tu ley

Día 2
Salmos 119:25-48

Día 3
Salmos 119:49-80

Día 4
Salmos 119:81-104

Día 5
Salmos 119:105-136

Día 6
Salmos 119:137-160

Día 7
Salmos 119:161-176

SU VERDADERO CORAZÓN

Hemos visto qué importante es que nuestras acciones concuerden con nuestras creencias, o lo que pretendemos que son nuestras creencias. La dificultad para lograr esto está en que a menudo nos engañamos a nosotros mismos. Rehuimos enfrentar la verdad de lo que creemos y lo que hacemos.

El profeta Jeremías nos dijo por qué:

> Engañoso es el corazón más que todas las cosas,
> y perverso; ¿quién lo conocerá?
> **JEREMÍAS 17:9**

Nos desenganchamos con mucha facilidad. Somos rápidos para concedernos gracia y misericordia porque en lo más profundo de nuestro ser creemos que somos buenas personas, con buenas intenciones. Creemos lo mejor de nosotros mismos y esperamos que al final todo nos salga bien. Pero eso es peligroso.

Afortunadamente Jeremías también ofreció la solución a nuestro problema:

> Yo Jehová, que escudriño la mente,
> que pruebo el corazón, para dar a
> cada uno según su camino,
> según el fruto de sus obras.
> **JEREMÍAS 17:10**

Ahora mismo, tome un momento para hacer una pausa y buscar la presencia de Dios. Pídale que "examine" su corazón, para ayudarle a ver con más claridad cómo sus acciones compaginan con lo que usted dice que cree.

¿Qué le reveló Dios? Creia que por enseñarles a mis hijos de los caminos de Dios todo les va a ir bien son ellos los que deben tener una relacion personal

¿Qué necesita hacer en respuesta a esa revelación?
Pedir que el espiritu los guie

➡⬅ ESTUDIO PERSONAL 1

LOS DISCÍPULOS ADOPTAN UNA ACTITUD PARA APRENDER

Si alguna vez ha tenido una conversación con alguien que está constantemente mirando a su teléfono, entonces usted sabe lo frustrante que puede ser tener la mitad de la atención de una persona. Porque, honestamente, tener la mitad de la atención de alguien, nos hace sentir que no nos prestan alguna atención. Es algo desagradable, molesto e inútil cuando una persona "está ahí, pero no está ahí". A la larga, le cuesta a todo el mundo un tiempo extra y atención para poder seguir adelante.

¿Cree que alguna vez Dios se sintió así con respecto a nosotros? Es posible que Él nos dijera: "Estoy deseoso de instruirte, pero tú estás…

- Agotado por tu empleo.
- Distraído por el estrés.
- Andas tras del placer.
- Ignorando Mi Palabra.

La actitud de nuestras vidas le dirá a Dios si realmente queremos escuchar lo que Él tiene que decirnos. Los discípulos verdaderos cambian su actitud para escuchar a Dios. Ellos organizan sus vidas de manera que cuando Dios hable, ellos estén listos para escuchar y responder.

¿Qué costumbres o actividades, incluso las "buenas", le impiden escuchar a Dios? El trabajo y que con un carro nos tenemos que mover Adrian y yo

Los discípulos de Jesús saben que no basta con solo "querer" Su verdad. Ellos la persiguen. Ellos se sacrifican por ella. Es así, porque recibir la verdad no es una experiencia pasiva. Aprender de Jesús es someter activamente nuestra vida a lo más importante. En resumen, no crecemos como discípulos por escuchar un sermón cada semana o por asistir a un estudio bíblico.

En cambio, los discípulos aprenden y crecen cada día, al tomar pequeñas decisiones, algunas veces cada hora, para confiar en Jesús y escuchar Su voz.

¿Qué satisfecho está en la actualidad con sus esfuerzos para aprender de Jesús?

1 2 3 4 5 6 7 8 9 10

No satisfecho **Muy satisfecho**

En Mateo 5, vimos a los discípulos de Jesús escalando una montaña con el propósito de poder oír Sus enseñanzas en lo que ahora llamamos el Sermón del Monte. Esa no fue la única vez que los discípulos de Jesús tuvieron que hacer un gran esfuerzo para tener una experiencia más profunda con Él:

> [1] Seis días después, Jesús tomó a Pedro, a Jacobo y a Juan su hermano,
> y los llevó aparte a un monte alto; [2] y se transfiguró delante de ellos, y
> resplandeció su rostro como el sol, y sus vestidos se hicieron blancos como
> la luz.
>
> **MATEO 17:1-2**

Una vez más, los discípulos tuvieron que hacer un gran esfuerzo para seguir a Jesús. Ellos sacrificaron su tiempo y energías para estar en el lugar adecuado para aprender de Él, y la recompensa fue extraordinaria.

Lea esta experiencia en Mateo 17:1-13. ¿Qué aprendieron los discípulos de Jesús, de acuerdo con este versículo?

¿Cuándo tuvo usted la vivencia de tener a Jesús como su Maestro?

No es fácil seguir a Jesús. A veces necesita escalar una montaña por un sendero muy difícil y abrupto, para escuchar solo de Él. Pero el esfuerzo valdrá la pena.

Desafortunadamente, algunos discípulos se detienen en el campamento de base, en el punto más bajo de esa montaña y se encuentran cómodos no ejercitando su fe, no creciendo nunca y nunca escuchando de Dios. Otros comienzan el ascenso, pero las exigencias de la vida (o sus propias malas costumbres) los arrastran hacia abajo, mucho antes de alcanzar la cima. Pero los que completen el viaje de subir la montaña escucharán de Dios. Y Su voz les dará a ellos paz, consuelo y gozo.

¿Cómo recordará diariamente (o cada hora) tomar decisiones para confiar en Jesús y escuchar Su voz?

➡⬅ ESTUDIO PERSONAL 2

LOS DISCÍPULOS OBEDECEN LO QUE APRENDEN

Hay muchos versículos en la Biblia que producen temor. Pero este versículo, casi al final del Sermón del Monte, puede ser uno de los más temibles:

> No todo el que me dice: Señor, Señor, entrará en el reino de los cielos, sino el que hace la voluntad de mi Padre que está en los cielos.
> **MATEO 7:21**

Tal vez usted se esté preguntando, ¿qué quiso decir Jesús cuando dijo "hace la voluntad de mi Padre que está en los cielos"? La respuesta es que obedecer a Dios va más allá de actuar correctamente. De hecho, Dios nunca se ha sorprendido con la gente que actúa correctamente por malos motivos:

> 11 ¿Para qué me sirve, dice Jehová,
> la multitud de vuestros sacrificios?
> Hastiado estoy de holocaustos de carneros
> y de sebo de animales gordos;
> no quiero sangre de bueyes,
> ni de ovejas, ni de machos cabríos.
>
> 15 Cuando extendáis vuestras manos,
> yo esconderé de vosotros mis ojos;
> asimismo cuando multipliquéis la oración,
> yo no oiré;
> llenas están de sangre vuestras manos.
> **ISAÍAS 1:11, 15**

¿Qué emociones siente cuando lee estos versículos de Mateo 7 y de Isaías 1? ¿Por qué? Te mor Por no hacer completa mente la voluntad de Dios y que Dios no quiere que le alabemos o sacrifiquemos que no salgan de nuestro corazon

Vuelva a escribir Isaías 1:11, basándose en su propia experiencia con la iglesia de hoy.

En el Sermón del Monte, Jesús anunció que nuestro fruto es lo que separa al verdadero discípulo de aquellos que simplemente hacen las cosas con desgano. Interesantemente Jesús no estaba enseñando algo nuevo por completo. Él estaba ampliando una idea similar de Isaías 1.

Lea Isaías 1:16-20. ¿Qué clase de "fruto", por seguir a Dios, se menciona en estos versículos?

Los discípulos de Jesús también enfatizaron el tema del fruto del Espíritu cuando más tarde escribieron porciones del Nuevo Testamento. El ejemplo más famoso vino del apóstol Pablo:

> 22 Mas el fruto del Espíritu es amor, gozo, paz, paciencia, benignidad,
> bondad, fe, 23 mansedumbre, templanza; contra tales cosas no hay ley.
> **GÁLATAS 5:22-23**

Recuerde que obedecer a Dios significa más que tomar decisiones temerarias o seguir un breve impulso de rectitud. No producimos fruto simplemente diciendo: "Voy a ser amable o apacible durante unos minutos para poder probar que yo amo a Dios". En cambio, el fruto del Espíritu natural y automáticamente será cultivado en nuestras vidas cuando sinceramente sigamos a Jesús, nos sometamos a Sus enseñanzas y crezcamos para ser más y más semejantes a Él.

En otras palabras, no seguimos a Jesús tratando de hacer más cosas buenas. Más bien, el fruto del Espíritu provee evidencia de que Dios está obrando para transformar nuestros corazones.

¿Cuáles elementos del fruto del Espíritu son más evidentes en su vida?

¿Cuáles elementos del fruto del Espíritu son menos evidentes en su vida?

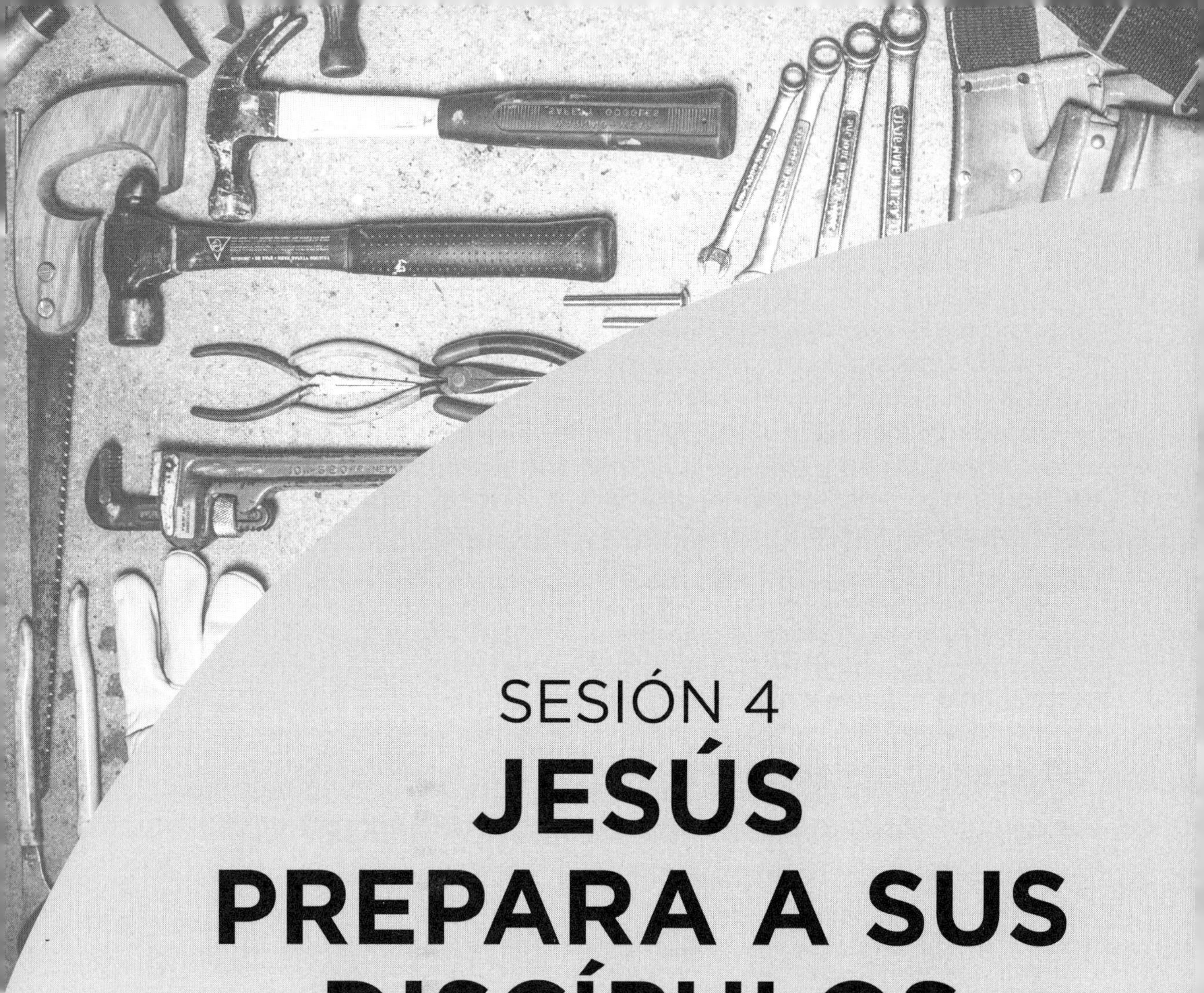

SESIÓN 4
JESÚS PREPARA A SUS DISCÍPULOS

Jesús nos da lo que necesitamos para participar en Su misión para el mundo.

REFLEXIONE

Como vimos antes, los discípulos de Jesús intencionalmente necesitan adoptar una actitud con la cual puedan aprender de Él. Vimos también que el proceso de aprendizaje solo está completo y solo produce una verdadera transformación cuando está vinculado a la obediencia en nuestro proceder. A medida que aprendemos más de Jesús y obedecemos Sus enseñanzas, producimos más frutos para Su Reino.

A medida que usted se prepara para estudiar cómo Jesús prepara a Sus discípulos, tome un momento para reflexionar en sus experiencias en estos días.

¿Cuál de las tareas estudió usted esta semana? ¿Cómo le fue?

¿Qué aprendió o experimentó al leer la Biblia?

¿Qué preguntas le gustaría hacer?

ORE

Comience esta sesión comunicándose con Dios mediante la oración. Use el siguiente bosquejo a medida que habla con Él:

- Dele gracias a Dios por lo que ha aprendido y por las experiencias que ha tenido en las semanas anteriores.

- Exprese su deseo de capacitarse como un participante en la misión de Jesús para el mundo. Sea honesto acerca de lo que le gustaría lograr y dónde quisiera crecer más para participar más de lleno.

- Pida valor no solo para entender lo que encuentre en la Palabra de Dios durante esta sesión, sino también para obedecer en lo que ya ha aprendido.

INTRODUCCIÓN

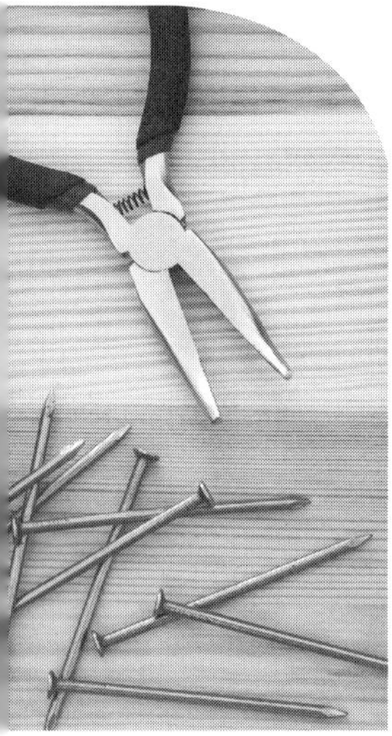

¿HUM?

Esas letras son las siglas de: "Hágalo usted mismo". Este es el fenómeno de las personas que tratan de hacer arreglos en la casa por su cuenta, siempre que es posible, en lugar de llamar a un plomero, carpintero u otros profesionales. Las personas HUM se enorgullecen cuando completan un proyecto y al mismo tiempo, ahorraran dinero.

Desde luego, es probable que todas las semanas millones de personas intenten hacer proyectos de reparaciones o reformas por su cuenta. Pero solo intentar hacer un proyecto no lo califica como un HUM. De hecho, existe una diferencia importante entre la gente que es HUM y los que no lo son: las herramientas.

Es posible decir si una persona realmente es HUM por las herramientas que él o ella usa. Las personas HUM han aprendido por experiencia, que con frecuencia la herramienta adecuada implica la diferencia entre un trabajo bien hecho y un costoso fracaso. Por esa razón, la persona HUM se prepara a sí misma con las herramientas que necesita para lograr su objetivo.

¿Cuándo, en días recientes, se sintió usted preparado para realizar una tarea importante?

Aquí hay una pregunta que usted debe considerar con honestidad: ¿Le daría Jesús a usted una tarea sin primero prepararlo para que tenga éxito? Afortunadamente, la respuesta es no.

En esta sesión veremos cómo Jesús preparó a los discípulos a medida que los enviaba a cumplir una misión específica. Este fue un momento importante para los primeros discípulos que implica muchas consecuencias para nosotros que buscamos formar parte de la misión de Jesús para el mundo.

¿De qué manera le gustaría sentirse más preparado mientras participa en la misión de Jesús para el mundo?

CONOZCA LA HISTORIA

Mateo 10 marca un punto decisivo en las vidas de los primeros discípulos de Jesús. Hasta ese momento los discípulos habían pasado la mayor parte del tiempo con Jesús. Viajaban con Él, servían con Él, comían con Él y hasta celebraban con Él. Sin embargo, en Mateo 10, Jesús los envió en parejas para ministrar lejos de Él.

1 Entonces llamando a sus doce discípulos, les dio autoridad
sobre los espíritus inmundos, para que los echasen fuera, y para
sanar toda enfermedad y toda dolencia.

5 A estos doce envió Jesús, y les dio instrucciones, diciendo:
Por camino de gentiles no vayáis, y en ciudad de samaritanos
no entréis, 6 sino id antes a las ovejas perdidas de la casa de
Israel. 7 Y yendo, predicad, diciendo: El reino de los cielos se
ha acercado. 8 Sanad enfermos, limpiad leprosos, resucitad
muertos, echad fuera demonios; de gracia recibisteis, dad de
gracia. 9 No os proveáis de oro, ni plata, ni cobre en vuestros
cintos; 10 ni de alforja para el camino, ni de dos túnicas, ni de
calzado, ni de bordón; porque el obrero es digno de su alimento.

11 Mas en cualquier ciudad o aldea donde entréis, informaos
quién en ella sea digno, y posad allí hasta que salgáis. 12 Y al
entrar en la casa, saludadla. 13 Y si la casa fuere digna, vuestra
paz vendrá sobre ella; mas si no fuere digna, vuestra paz
se volverá a vosotros. 14 Y si alguno no os recibiere, ni oyere
vuestras palabras, salid de aquella casa o ciudad, y sacudid
el polvo de vuestros pies. 15 De cierto os digo que en el día del
juicio, será más tolerable el castigo para la tierra de Sodoma y
de Gomorra, que para aquella ciudad.

MATEO 10:1, 5-15

¿Qué impresión hubiera tenido si recibiera estas instrucciones de Jesús?

¿Qué parte de estas instrucciones parece ser la más difícil? ¿Por qué?

ANALICE LA HISTORIA

JESÚS PROVEE LO QUE NECESITAMOS

En nuestro esfuerzo por vivir como Sus discípulos, Jesús nos prepara con una cantidad importante de recursos. Por ejemplo, tenemos la Biblia, que nos sirve como nuestro fundamento para comprender a Dios, el mundo y la historia. También tenemos acceso a la iglesia, una comunidad de hermanos y hermanas que trabajan juntos en el servicio a Dios. Y tenemos nuestra mezcla única de aptitudes y destreza.

¿Cómo sus aptitudes y destreza le facultan para participar en la misión de Jesús para el mundo?

A pesar de eso, ¿cómo le gustaría recibir las siguientes instrucciones de Jesús?

> Sanad enfermos, limpiad leprosos, resucitad muertos, echad fuera demonios; de gracia recibisteis, dad de gracia.
> **MATEO 10:8**

Si piensa que no puede hacerse cargo de este mandato, tiene toda la razón. Las personas no poseen estas facultades sobrenaturales por su cuenta. La única forma en la que los discípulos de Jesús fueron capaces de realizar estas proezas milagrosas fue porque el mismo Jesús les concedió el poder y la autoridad: "Entonces llamando a sus doce discípulos, les dio autoridad sobre los espíritus inmundos, para que los echasen fuera, y para sanar toda enfermedad y toda dolencia" (Mateo 10:1).

Los discípulos de hoy también son llamados a conseguir metas extraordinarias, el avance del Reino de Dios por todo el mundo. Por esa razón es que nunca debemos perder de vista la importante verdad que nuestro recurso más importante para seguir a Jesús es nuestro acceso al mismo Jesús.

Nunca debemos perder de vista la importante verdad que nuestro recurso más importante para seguir a Jesús es nuestro acceso al mismo Jesús.

¿Cuándo se sintió usted facultado para actuar o tomar la decisión correcta debido a su relación con Jesús?

Jesús preparó a los discípulos con Su poder y presencia para que ellos obedecieran Sus mandatos. La gran noticia es que Él hace lo mismo por nosotros.

JESÚS ACLARA LO QUE NO NECESITAMOS

Jesús no solo preparó a los discípulos con Su poder y presencia, sino que además se aseguró que ellos comprendieran lo que *no necesitaban* para llevar a cabo Su misión:

> [9] No os proveáis de oro, ni plata, ni cobre en vuestros cintos; [10] ni de alforja para el camino, ni de dos túnicas, ni de calzado, ni de bordón; porque el obrero es digno de su alimento.
> **MATEO 10:9-10**

¿Quiere esto decir que la próxima vez que usted vaya en un viaje misionero debe deshacerse de su equipaje? ¿O que debe renunciar a su tarjeta de débito cuando sirva en su iglesia? No es exactamente así.

Jesús estaba llamando a los discípulo para que soltaran lo que les hacía sentir seguros y cómodos antes de que fueran en una misión. ¿Por qué? Porque Él quería que ellos confiaran por completo en Su poder y presencia. Él quería que ellos se desprendieran de sus propios recursos para que fueran libres y pudieran mostrar fe en Su provisión.

¿Cuándo fue la última vez que usted dio un salto de fe? ¿Qué sucedió después?

Como cristianos modernos, necesitamos comprender que lo que Jesús nos está llamando a hacer está mucho más allá de nuestra capacidad y recursos. Para ser sincero, si su concepto de seguir a Jesús encaja perfectamente dentro del sueño americano y del concepto de nuestra sociedad de lo que es una "vida normal", usted necesita poner a prueba su comprensión de lo que significa ser un discípulo de Cristo.

Seguir a Jesús debe forzarnos a confiar por completo en Él.

Seguir a Jesús debe forzarnos a confiar por completo en Él.

¿En la actualidad cuáles son sus metas como discípulo de Jesús?

¿De qué maneras ha dependido de Jesús para lograr esas metas?

COMPROMÉTASE

Establecer metas es una buena costumbre para la mayoría de los aspectos de la vida. Si hay algo en lo que valga la pena invertir parte de su tiempo, entonces tiene sentido planear lo que usted desea lograr o cómo quiere desarrollarse. Por estas razones, puede ser beneficioso establecer metas concernientes a su andar y a su desarrollo como un discípulo de Jesús. Pero sus metas para seguir a Cristo deben ser completamente diferentes a sus metas para su presupuesto o para aprender un nuevo idioma. ¿Por qué? Porque sus metas como cristiano deben ser grandes, atrevidas y audaces. De hecho, las metas que usted establezca como un seguidor de Jesús, deben ser imposibles de lograr sin la intervención y el apoyo de Jesús.

En vista de esto, tome un momento para practicar establecer metas como cristiano. Trabaje con su grupo para crear sueños a corto y a largo plazo que se relacionen con su pasión y lo fuercen a confiar en Jesucristo.

¿Cómo le gustaría crecer como un seguidor de Jesucristo?

Metas a corto plazo	**Metas a largo plazo**

¿Qué le gustaría lograr como un seguidor de Cristo?

Metas a corto plazo	**Metas a largo plazo**

PETICIONES DE ORACIÓN

ACTIVIDADES DE CADA SEMANA

Además de estudiar la Biblia, trabaje con el líder de su grupo para crear un plan de estudio, adoración y aplicación desde este momento hasta la próxima sesión. Seleccione las siguientes actividades opcionales según su preferencia y el tiempo que tenga disponible.

Adoración

- [x] Lea su Biblia. Cada día realice el plan de lectura que aparece en la página 58.
- [ ] Comuníquese diariamente con Dios mediante la oración. Mientras usted conscientemente hace un esfuerzo para confiar en Dios durante el día, es importante que se mantenga vinculado con Él, mediante tiempos regulares de oración.
- [ ] Pase tiempo con Dios, participando en la experiencia devocional de la página 59.

Estudio Personal

- [ ] Lea y relaciónese con la sección "Jesús provee lo que necesitamos", en la página 60.
- [ ] Lea y relaciónese con la sección "Jesús aclara lo que no necesitamos" en la página 62.

Aplicación

- [ ] Haga una caminata de oración por su vecindario o centro de trabajo. A medida que camine por un lugar específico, dígale a Dios cuáles son sus expectativas e ilusiones para ministrar en esa zona.
- [ ] Estudie con su familia para evaluar si algunos "extras" le están impidiendo confiar por completo en Jesús a medida que lo sigue a Él. Esté dispuesto a tomar decisiones difíciles.
- [ ] Memorice Mateo 10:27-28: "Lo que os digo en tinieblas, decidlo en la luz; y lo que oís al oído, proclamadlo desde las azoteas. Y no temáis a los que matan el cuerpo, mas el alma no pueden matar; temed más bien a aquel que puede destruir el alma y el cuerpo en el infierno".
- [ ] Ponga su diario al día, anotando diariamente (o semanalmente) sus peticiones de oración y luego anote las respuestas a esas peticiones cada vez que Dios responda. Esta es una manera magnífica de ver la manera en la que Dios provee para usted.
- [ ] Otros:

ADORACIÓN

PLAN DE LECTURA

Esta semana lea los siguientes pasajes de las Escrituras. Utilice el espacio en blanco para anotar sus ideas y comentarios.

Día 1
Génesis 22:1-18

Día 2
Génesis 50:1-21

Día 3
Éxodo 6:28–7:13

Día 4
Josué 2:1-24

Día 5
1 Samuel 17:1-37

Día 6
Juan 4:1-26

Día 7
Filipenses 2:1-18

MÁS DE LO QUE USTED NECESITA

En sus esfuerzos para vivir como un seguidor de Jesús, tal vez se haya sentido insuficiente o inexperto en ciertas situaciones. Quizá hasta se haya sentido inútil o indigno como discípulo. Quizá se sienta así ahora.

Ya sea que esté o no luchando con esas emociones, la verdad es que usted es insuficiente para seguir a Jesús con sus propias fuerzas. De acuerdo con sus conocimientos, usted no está preparado. De manera semejante será ineficaz cuando se esfuerce por hacerse cargo de los asuntos por usted mismo. Y realmente usted no tiene méritos para vivir como un discípulo de Cristo, que es su Maestro y el Omnisapiente (todo lo sabe) Omnipresente (está en todas partes) y Omnipotente (todo lo puede) Dios.

Pero, no solo es usted. Tristemente, todos los cristianos son incapaces de seguir a Jesús por su propia cuenta. Esa es la mala noticia.

La buena noticia es que Jesús le ha llamado a seguirlo a Él a pesar de las limitaciones que usted tenga. Y debido a Su presencia en la vida de usted, eso hace que usted no sea inadecuado ni esté mal preparado. Ya que Él es la fuente de su fortaleza, usted no es ineficiente ni carece de valor. Usted, como un discípulo de Jesús, puede vivir exitosamente y con gran eficacia porque está vinculado a Él.

¡Él es todo lo que usted necesita!

¿En qué se siente débil o inadecuado como un seguidor de Jesús?

¿En qué situaciones, ambientes o circunstancias, lucha a menudo para vivir con audacia y confianza como un discípulo de Cristo?

Durante esta semana, ¿cómo pasará algún tiempo en la presencia de Jesús para obtener fuerzas y confianza en Él?

ESTUDIO PERSONAL 1

JESÚS PROVEE LO QUE NECESITAMOS

Cuando permitimos que Jesús sea la Fuente y el principal Proveedor para cumplir nuestra misión, Él nos provee de muchas formas importantes. Por ejemplo, Pablo escribió la siguiente descripción de "la armadura de Dios", la cual recibimos a medida que "el Señor nos fortalece":

> 10 Por lo demás, hermanos míos, fortaleceos en el Señor, y en el poder de su
> fuerza. 11 Vestíos de toda la armadura de Dios, para que podáis estar firmes
> contra las asechanzas del diablo. 12 Porque no tenemos lucha contra sangre
> y carne, sino contra principados, contra potestades, contra los gobernadores
> de las tinieblas de este siglo, contra huestes espirituales de maldad en las
> regiones celestes. 13 Por tanto, tomad toda la armadura de Dios, para que
> podáis resistir en el día malo, y habiendo acabado todo, estar firmes.
> 14 Estad, pues, firmes, ceñidos vuestros lomos con la verdad, y vestidos con
> la coraza de justicia, 15 y calzados los pies con el apresto del Evangelio de
> la paz. 16 Sobre todo, tomad el escudo de la fe, con que podáis apagar todos
> los dardos de fuego del maligno. 17 Y tomad el yelmo de la salvación, y la
> espada del Espíritu, que es la palabra de Dios.
>
> **EFESIOS 6:10-17**

En el versículo 12, ¿qué cree que quiso decir Pablo con la frase nuestra "lucha"?

¿Qué beneficios recibe de la armadura que se describe en los versículos 14-17?

¿Con qué piezas de la armadura le gustaría protegerse de una manera más eficaz?

Recuerde que Jesús provee para nosotros con Su armadura, debido a Su "enorme poder". Usted no puede tener más fe ni más virtud por su voluntad. Más bien, al igual que el fruto del Espíritu, usted estará protegido con la armadura de Dios a medida que se relacione intencionalmente con otros cristianos, estudie la Palabra de Dios, ore y le obedezca a Él.

En Mateo 10 vimos cómo Jesús envió a los discípulos en parejas para que ministraran en sus comunidades. Después que los discípulos regresaron, Jesús buscó prepararlos más, profundizando sus relaciones con Él:

> 30 Entonces los apóstoles se juntaron con Jesús, y le contaron todo lo que
> habían hecho, y lo que habían enseñado. 31 Él les dijo: Venid vosotros
> aparte a un lugar desierto, y descansad un poco. Porque eran muchos los que iban y venían, de manera que ni aun tenían tiempo para comer.
> **MARCOS 6:30-31**

No pierda esta importante verdad: Jesús nos provee todo lo que necesitamos para participar en Su misión para el mundo, pero esta preparación se produce principalmente a medida que pasamos tiempo en Su presencia. Así sucedió con los primeros discípulos de Jesús y así también sucede hoy con Sus discípulos.

¿En estos días, de qué manera ha dedicado algún tiempo para relacionarse con Jesús de una manera más profunda y personal?

¿En esta semana, cuándo dedicará tiempo para relacionarse con Jesús?

Recuerde que no tenemos que comprometernos con la misión de Dios apoyándonos en nuestra propia autoridad. De hecho, *no podemos* comprometernos con la misión de Dios por nuestra propia autoridad. Pero la gran noticia es que a nosotros se nos ha dado la autoridad de Jesús para participar en Su misión (Mateo 10:1). Somos débiles, pero Él es fuerte. Somos frágiles, pero Él es poderoso. Nos expresamos con torpeza, pero Él habla por nosotros (Mateo 10:20). Tenemos argumentos pocos convincentes, pero Él cambia los corazones endurecidos (Ezequiel 36:26).

La misión no es suya, y su autoridad no es suya. Todo lo que usted está llamado a hacer es obedecer con humildad.

¿Cómo, ahora mismo, le está llamando Dios para obedecerlo a Él? (Considere pasar un tiempo en oración para analizar esta pregunta).

ESTUDIO PERSONAL 2

JESÚS ACLARA LO QUE NO NECESITAMOS

Uno de los desafíos que ha obstaculizado a los seguidores de Jesús a lo largo de la historia es que con mucha frecuencia es más fácil hacer preguntas acerca de los mandatos de Dios que obedecerlos. Es más fácil quejarse que ser generoso. Es más fácil juzgar que hablar de la gracia u ofrecer esperanza.

En otras palabras, nuestro corazón es bueno para encontrar excusas para no participar en la misión de Jesús:

- Perderé mi trabajo.
- No sé lo suficiente de las Escrituras.
- No tengo el don adecuado.
- Lo haré mañana.

¿Qué excusas utiliza usted cuando no quiere obedecer lo que Dios le está pidiendo que haga?

Los discípulos originales de Jesús buscaron las mismas excusas que nosotros. Por eso Jesús les dijo que no llevaran nada "extra" mientras partían para hacer un impacto en sus comunidades (Mateo 10:9-10). No había dinero para comprar atajos. No había personal disponible para la protección de los enemigos. No había ropa extra para estar cómodos si algo se deterioraba. En lugar de confiar en los "extras" para llevarlos durante su recorrido, Jesús ordenó que los discípulos confiaran en Él.

¿Qué "extras" están consumiendo un gran por ciento de su tiempo y atención durante la semana?

¿Por lo general, en qué confía usted—dinero, relaciones, familia, etc.—para enfrentar las situaciones difíciles?

En el Evangelio de Lucas hay dos historias que destacan algún equipaje adicional que no necesitamos llevar cuando seguimos a Jesús. Primero, no necesitamos mantener nuestra autosuficiencia:

> [46] Entonces entraron en discusión sobre quién de ellos sería el mayor. [47] Y
> Jesús, percibiendo los pensamientos de sus corazones, tomó a un niño y lo
> puso junto a sí, [48] y les dijo: Cualquiera que reciba a este niño en mi nombre,
> a mí me recibe; y cualquiera que me recibe a mí, recibe al que me envió;
> porque el que es más pequeño entre todos vosotros, ése es el más grande.
> **LUCAS 9:46-48**

Como seguidor de Jesús, usted tendrá la tentación de compararse con otros discípulos. Esas comparaciones raramente son útiles, pero con frecuencia hacen mucho daño.

¿Con qué frecuencia se compara usted con otros cristianos?

1 2 3 4 5 6 7 8 9 10

En raras ocasiones **A menudo**

El segundo tipo de equipaje que no necesitamos llevar como seguidores de Jesús es nuestro comportamiento santurrón y la tendencia de juzgar a aquellos con quienes no estamos de acuerdo:

> [49] Entonces respondiendo Juan, dijo: Maestro, hemos visto a uno que
> echaba fuera demonios en tu nombre; y se lo prohibimos, porque no sigue
> con nosotros. [50] Jesús le dijo: No se lo prohibáis; porque el que no es contra
> nosotros, por nosotros es.
> **LUCAS 9:49-50**

¿Con qué frecuencia juzga la manera en la que otros siguen a Cristo?

1 2 3 4 5 6 7 8 9 10

En raras ocasiones **A menudo**

Es fácil caer en la trampa de creer que nuestra comunidad es la única que sigue adecuadamente a Jesús, que somos los únicos que adoramos de una manera correcta, que nos conducimos en forma apropiada, que creemos la verdadera doctrina y que testificamos de la mejor forma posible. La verdad es que todos somos siervos y dependemos de nuestro Señor y Maestro.

SESIÓN 5

JESÚS ENVÍA A SUS DISCÍPULOS

Jesucristo nos llama a llevar el Evangelio al mundo.

REFLEXIONE

En este estudio, hemos aprendido que: un discípulo es un seguidor de Jesucristo (sesión 1), que Jesús llama a Sus discípulos a acercase a Él (sesión 2), que Él enseña a Sus discípulos lo que significa seguirlo a Él (sesión 3) y que Él prepara a Sus discípulos para que se unan a Él en Su obra (sesión 4).

A medida que usted se prepara para estudiar cómo Jesús nos envía al mundo, tome un momento para reflexionar en sus experiencias en estos días.

¿Cuál de las tareas estudió esta semana? ¿Cómo le fue?

¿Qué aprendió o experimentó al leer la Biblia?

¿Qué preguntas le gustaría hacer?

ORE

Comience esta sesión comunicándose con Dios mediante la oración. Use el siguiente bosquejo a medida que habla con Él:

- Dele gracias a Dios por lo que Él le ha enseñado durante este estudio y por la manera en que le ha ayudado a ampliar su conocimiento de Él.

- Ore, pidiendo que Dios le bendiga dándole el valor necesario para poner en práctica lo que ha aprendido en las sesiones anteriores y, especialmente, lo que aprenderá en esta última sesión.

- Ahora comprométase a sacar el mejor provecho posible de su tiempo según concluye este estudio acerca de lo que significa vivir y crecer como un discípulo de Cristo.

INTRODUCCIÓN

Michael Brady trabajaba para Universal Studios como un doble, y se especializó en paracaidismo acrobático. Durante una sesión de filmación en Benson en Arizona, Michael se estaba preparando para lanzarse en paracaídas sobre la parte de arriba de un tren en movimiento cuando resbaló y se cayó desde un lugar muy alto. Al caer se dio un golpe en la cabeza y murió en el acto. Este no fue el final de la historia. Llevaron el cuerpo de Michael al University Medical Center en Tucson, donde tomaron su corazón y lo trasplantaron al cuerpo de otro hombre, Bill Wohl, quien había sufrido un fallo cardíaco cinco meses antes.

Seis meses y un día después de recibir su nuevo corazón, Bill Wohl abrió una carta de la familia de Michael Brady que incluía una fotografía de Michael y alguna información con los antecedentes. A Bill le impresionó saber que le habían dado un corazón de un doble de Hollywood que solo tenía 36 años. "Miré la fotografía" dice Bill, "de ese increíble, bien parecido, en súper forma y súper atlético individuo, y pensé: *¿Están bromeando? ¿Tengo yo el corazón de esa persona?"*

Antes del trasplante de corazón, Bill Wohl tenía exceso de peso, era un hombre de negocios obsesionado con el dinero, que mantenía el estilo de vida de la clase alta. Hoy, él trabaja a tiempo parcial y emplea la mayor parte de las nuevas energías que ha adquirido ganando medallas de velocidad y resistencia en natación, ciclismo y atletismo.

Cuando un reportero lo entrevistó en su apartamento en Scottsdale, Bill Wohl habló con pasión acerca de la bendición que él recibió: "Todos los días, durante todo el día, le doy gracias a Dios por Michael Brady". Mirando a sus muchas medallas ganadas en competencias de atletismo, Wohl agrega: "Cuando corro, cuando hago ejercicios, lo más importante es rendirle un homenaje a él!"[1] En otras palabras, Bill Wohl fue dramáticamente cambiado por un nuevo corazón.

¿Cuáles son los cambios más grande que usted ha experimentado en su tiempo como un seguidor de Jesús?

Como Bill Wohl, usted ha recibido un nuevo corazón como un discípulo de Jesús. Usted se encuentra en el proceso de ser transformado desde adentro hacia fuera. Cuando el corazón de Cristo lata en su pecho, usted vivirá para cada día, glorificarlo a Él y para compartir Su pasión para llevar el Evangelio al mundo.

CONOZCA LA HISTORIA

Los primeros discípulos de Jesús tuvieron altibajos emocionales durante las últimas semanas de Su ministerio público. Primero, la muerte de Jesús en la cruz los dejó confundidos y con una profunda desesperación. Segundo, Su resurrección los alzó de vuelta en nubes de gozo. Por último, Su ascensión los introdujo a la realidad aleccionadora de que los discípulos tendrían que llevar a cabo la misión de Jesús sin Su presencia física y liderazgo.

Sin embargo, antes de regresar al cielo, Jesús reunió a los seguidores que quedaban para resumir la misión de los discípulos y darles las instrucciones finales. Hoy nos referimos a las palabras finales de Jesús como la Gran Comisión.

> 16 Pero los once discípulos se fueron a Galilea, al monte donde Jesús les había ordenado. 17 Y cuando le vieron, le adoraron; pero algunos dudaban.
>
> 18 Y Jesús se acercó y les habló diciendo: Toda potestad me es dada en el cielo y en la tierra. 19 Por tanto, id, y haced discípulos a todas las naciones, bautizándolos en el nombre del Padre, y del Hijo, y del Espíritu Santo; 20 enseñándoles que guarden todas las cosas que os he mandado; y he aquí yo estoy con vosotros todos los días, hasta el fin del mundo. Amén.
>
> MATEO 28:16-20

¿Cuál es su primera reacción ante estos versículos? ¿Por qué?

¿De qué manera se ha llevado a cabo por siglos este mandato desde que Jesús envió a Sus primeros discípulos?

¿De qué manera la encomienda de Jesús se mantiene incompleta?

La Gran Comisión resume la misión de Jesús no solo para sus primeros discípulos, sino para todos los discípulos que a lo largo de la historia se han unido a la condición de Sus seguidores, incluyéndolo a usted. Concluiremos este estudio analizando la comisión de Jesús y el mandato para los que deciden seguirlo a Él.

ANALICE LA HISTORIA

JESÚS NOS DICE ADÓNDE IR

La primera cosa que debemos destacar acerca de las declaraciones de Jesús en estos versículos es Su afirmación de autoridad. ¿Por qué es importante que "Toda potestad me es dada [a Jesús] en el cielo y en la tierra"? Porque la Gran Comisión contiene una serie de mandamientos. Él nos está pidiendo que lo obedezcamos. Por lo tanto, Él primero quiere, establecer claramente que Él tiene la autoridad para hacer eso.

¿Qué significa reconocer la autoridad de Jesús en nuestra vida?

La Gran Comisión tiene una conexión geográfica. Jesús nos mandó: "Por tanto, id, y haced discípulos a todas las naciones". Observe que el mandato de Jesús es activo, en vez de pasivo. Él no mandó que Sus discípulos pensaran acerca del mundo. Él no pidió que Sus seguidores dijeran cosas amables acerca de los diferentes grupos étnicos. Jesús mandó a Sus discípulos a ir.

El mandato de Jesús es activo, en vez de pasivo. Él no mandó que Sus discípulos pensaran acerca del mundo. Él no pidió que Sus seguidores dijeran cosas amables acerca de los diferentes grupos étnicos. Jesús mandó a Sus discípulos a ir.

Esto no quiere decir que todos los cristianos deban abandonar sus trabajos y sus familias para trabajar como misioneros internacionales. Sin embargo, sí quiere decir que los cristianos deben jugar un papel activo en la propagación del Evangelio por el mundo, y esto ciertamente implica que debemos estar dispuestos, ante la posibilidad de viajar a otros lugares para difundir el Evangelio.

¿Cómo describiría su experiencia con el trabajo misionero?

Observe también que el mandato de Jesús involucra a "todas las naciones". Jesús murió por los pecados de todas las personas, lo cual significa que el Evangelio tiene poder para cada tribu y nacionalidad en todo el mundo. No podemos olvidar que Jesús nos ha mandado a nosotros, Sus discípulos, a pregonar el mensaje del Evangelio a todo el que necesite escucharlo. Pasar por alto las necesidades espirituales de la gente fuera de nuestro propio país, es desobedecer la Gran Comisión e ignorar lo que Cristo nos ordenó.

¿De qué manera podemos obedecer a Jesús y cooperar para propagar el Evangelio en "todas las naciones"?

JESÚS NOS DICE QUÉ HACER

No solo Jesús nos dice dónde participar en Su misión, sino que también nos da un método claro para que podamos cumplir esa misión:

> 19 Por tanto, id, y haced discípulos a todas las naciones, bautizándolos
> en el nombre del Padre, y del Hijo, y del Espíritu Santo; 20 enseñándoles
> que guarden todas las cosas que os he mandado; y he aquí yo estoy
> con vosotros todos los días, hasta el fin del mundo. Amén.
> **MATEO 28:19-20**

Este método es la clave para comprender nuestra misión como seguidores de Jesús. Estamos llamados a hacer discípulos, y comenzamos anunciando el Evangelio dondequiera que podamos. Cuando nuestros esfuerzos producen fruto, cuando alguien toma la decisión de seguir a Jesús, el bautismo es el próximo paso. Ser bautizado es anunciar públicamente que usted es un seguidor de Cristo.

¿Cómo describiría su experiencia con el bautismo?

Desafortunadamente, muchos cristianos creen que este es el fin del proceso, que una vez que una persona "se salva" y se bautiza, no hay nada más que hacer. Jesús nos dijo algo diferente en la Gran Comisión. Cuando proclamamos el Evangelio y nos involucramos en el proceso de hacer discípulos, somos responsables de enseñarles "que guarden todas las cosas" que Él nos ha mandado. Es cierto que esta clase de "enseñanza" implica ayudar a la gente a adquirir conocimientos acerca de Dios y de Su Palabra, pero esto va más allá de los conocimientos. Cuando enseñamos a las personas a "cumplir" lo que Jesús no manda, les enseñamos a obedecer. Y la única forma real de enseñar obediencia es sirviendo de modelo de lo que es necesario obedecer. Una de nuestras metas más importantes para vivir la Gran Comisión es relacionarnos con los nuevos discípulos de una manera en la que nosotros sirvamos de ejemplo de cómo seguir a Jesús.

Una una de nuestras metas más importantes para vivir la Gran Comisión es relacionarnos con los nuevos discípulos de una manera en la que nosotros sirvamos de ejemplo de cómo seguir a Jesús.

¿Quién ha sido para usted un ejemplo de semejanza a Cristo?

¿Cuánta confianza tiene en su habilidad para hacer discípulos y para actuar como un ejemplo que otros puedan imitar?

COMPROMÉTASE

Cuando los cristianos piensan en el mandato de Jesús de "haced discípulos a todas las naciones", a menudo se estancan ante la idea de viajar a lugares en el extranjero. Es cierto que esto es parte de lo que Jesús quiso decir, y es importante para nosotros mantener la mente abierta acerca del trabajo misionero a tiempo completo y a tiempo parcial. Sin embargo, hay otras muchas maneras de involucrarse en la misión de hacer discípulos en todo el mundo.

Por ejemplo, la oración es uno de los mejores instrumentos disponibles, para unirse a Jesús en Su misión por la naciones. La oración es de fácil acceso y poderosamente eficiente. No la pueden detener las regulaciones de las fronteras ni los gobiernos corruptos. Y la oración también obra en nuestras vidas para mantenernos vinculados con Dios.

Dedique un minuto para poner en práctica con el grupo orar por las naciones. Para comenzar, si le es fácil, mire la etiqueta de su camisa o de sus zapatos para ver en qué país fue fabricada. Use el siguiente bosquejo para orar con el fin de que el Reino de Dios avance en ese país.

Ore por las iglesias y los cristianos que viven actualmente en el país que usted seleccionó. Ore por la seguridad de ellos y por la facilidad para propagar el Evangelio.

Ore en contra de cualquier desmoralización o persecución religiosa que amenace a sus colegas discípulos.

Ore por nuevas oportunidades para compartir el Evangelio en su país y para satisfacer las necesidades de los que viven allí.

PETICIONES DE ORACIÓN

....

....

....

....

....

1. *Fields-Meyer, Thomas, Organ Transplants: Can a New Heart Change Your Life, and Your Taste en Music? [Trasplante de órgano: ¿Puede un corazón nuevo cambiar su vida y su gusto por la música?], People magazine, Vol 63, No. 13, 14 de abril de 2005. Disponible en línea, en inglés: people.com.*

ACTIVIDADES DE CADA SEMANA

Además de estudiar la Biblia, trabaje con el líder de su grupo para crear un plan de estudio, adoración y aplicación desde este momento hasta la próxima sesión. Seleccione las siguientes actividades opcionales según su preferencia y el tiempo que tenga disponible.

⬆ Adoración

- [x] Lea su Biblia. Cada día realice el plan de lectura que aparece en la página 72.

- [ ] Pase tiempo con Dios, participando en la experiencia devocional de la página 73.

- [ ] Comuníquese diariamente con Dios mediante la oración. Pídale que le dé oportunidades para participar en Su misión de hacer discípulos.

➡ ⬅ Estudio Personal

- [ ] Lea y relaciónese con la sección "Jesús nos dice adónde ir", en la página 74.

- [ ] Lea y relaciónese con la sección "Jesús nos dice qué hacer", en la página 76.

⬅ ➡ Aplicación

- [ ] Haga un esfuerzo esta semana para relacionarse e interactuar con personas que todavía no hayan experimentado la salvación mediante Jesucristo. Cambie su rutina normal y haga un esfuerzo deliberado para iniciar una conversación espiritual.

- [ ] Haga una lista de las personas con las que se relaciona a quienes Jesús le pueda estar guiando a formarlos como discípulos. Ore todos los días por las personas en esa lista.

- [ ] Haga una lista de personas que pudieran ser buenos candidatos para ayudarle a usted a ser un mejor discípulo (o para servirle de mentor). Ore todos los días por las personas en esa lista.

- [ ] Memorice Hechos 1:8: "Pero recibiréis poder, cuando haya venido sobre vosotros el Espíritu Santo, y me seréis testigos en Jerusalén, en toda Judea, en Samaria, y hasta lo último de la tierra".

- [ ] Otros:

ADORACIÓN

PLAN DE LECTURA

Esta semana lea los siguientes pasajes de las Escrituras. Utilice el espacio en blanco para anotar sus ideas y comentarios.

Día 1
Marcos 16:1-20

Día 2
Lucas 10:1-16

Día 3
Lucas 24:36-53

Día 4
Juan 20:1-31

Día 5
Romanos 10:1-21

Día 6
Romanos 16:1-27

Día 7
2 Corintios 10:1-18

EL MIEDO AL FRACASO

Nuestros temores a menudo nos impiden obedecer a Jesús y cumplir la Gran Comisión. Podemos llegar a temer muchas cosas, como por ejemplo:

- Parecer tontos.
- No saber responder a las preguntas.
- Ser rechazados.
- Ser señalados por nuestros pecados, y muchas otras cosas.

Básicamente le tenemos miedo al fracaso. Y estos temores no son irracionales. De hecho, estos y otros temores surgirán una y otra vez si nos comprometemos a hacer discípulos. Nos rechazarán. Es posible que parezcamos tontos, incluso ante nosotros mismos. La verdad nos hará tropezar. Pero recuerde esta verdad: Cuando decidimos obedecer a Dios, nunca fracasamos. Esto es cierto aunque no tengamos todas las respuestas "correctas", aunque nos rechacen, desprecien, abandonen y odien.

En realidad, cuando nos desprecian y odian, somos muy semejantes a Jesús.

Por otra parte, nunca olvide que abandonar nuestra tarea, negarnos a ir, proclamar, dar y hablar, eso sí es fallar. No somos nosotros los encargados de los resultados ni de cambiar los corazones de las personas. Lo que tenemos que hacer es ir obedientemente a donde nuestro Salvador nos envíe. La opción es nuestra, y es el Espíritu Santo el que hace la obra en los corazones de las personas.

¿Qué le hace sentir temor al pensar en compartir el Evangelio entre las personas con las que se relaciona?

¿Cuándo el temor le impidió cumplir con el mandato de Jesús?

¿Qué pasos dará usted para enfrentar sus temores y superarlos?

ESTUDIO PERSONAL 1

JESÚS NOS DICE ADÓNDE IR

Sabemos que Jesús nos ha llamado para unirnos a Él en una misión de mucha importancia: la redención del mundo. También sabemos que Él tiene la autoridad para llamarnos a la acción:

> Y Jesús se acercó y les habló diciendo: Toda potestad me es dada en el cielo y en la tierra.
> **MATEO 28:18**

Tener autoridad significa tener el poder para darle órdenes a otros, y tener la posibilidad de ver que esas órdenes se lleven a cabo hasta su terminación. En otras palabras, alguien con autoridad puede establecer y hacer cumplir un decreto. Por lo tanto, la afirmación de autoridad de Jesús significa que Él nos puede enviar al mundo.

Pero aquí está la gran noticia: La autoridad de Jesús también significa que nosotros llevamos Su poder y credenciales cuando salimos al mundo para hacer Su obra. En otras palabras, nosotros no estamos proclamando el Evangelio ni haciendo discípulos basados en nuestros propios nombres y en nuestra destreza. En cambio, hemos sido enviados por Aquel que tiene las llaves del cielo y de la tierra.

Esto nos quita la presión de encima, porque Jesús es el que hace que las cosas sucedan. Jesús es el que cambia los corazones, las mentes y los hábitos. Jesús es el que convence a las personas de sus pecados. Jesús es el que redime al mundo. Todo lo que tenemos que hacer es ser fieles para obedecer Su mandato: "Id".

¿Ha estado usted confiando en la autoridad de Jesús o en su propia capacidad durante sus esfuerzos para formar discípulos?

1 2 3 4 5 6 7 8 9 10

Mi destreza — Autoridad de Jesús

¿Qué pasos puede dar para apoyarse más fuertemente en la autoridad de Jesús?

Ahora que comprendemos la pregunta básica de la autoridad detrás del mandato de Jesús de "Id", debemos seguir obedeciendo la comisión de Jesús. En Mateo 28, Él llamó a los discípulos a "haced discípulos a todas las naciones". Inmediatamente antes de Su ascensión, Jesús aclaró los diferentes lugares a los que debemos ir en nuestros esfuerzos para hacer discípulos.

[7] Y les dijo: No os toca a vosotros saber los tiempos o las sazones, que el Padre puso en su sola potestad; [8] pero recibiréis poder, cuando haya venido sobre vosotros el Espíritu Santo, y me seréis testigos en Jerusalén, en toda Judea, en Samaria, y hasta lo último de la tierra.
HECHOS 1:7-8

¿De qué manera necesita que el Espíritu Santo le ayude a ser testigo en su: "Jerusalén", "Judea", "Samaria" y "hasta lo último de la tierra"?

Los lugares a los que Jesús se refirió geográficamente se alejan. Ellos comienzan en los lugares más cercanos y se van alejando cada vez más. Jerusalén era el lugar más cercano a donde Jesús dijo estas palabras, era la ciudad más importante, tanto para los judíos, como para los primeros cristianos. Judea era la región que incluía a ciudades como Jerusalén, Belén y Jope. Era un área más amplia. Samaria era una región al norte, y llama la atención que el pueblo de Samaria y los judíos fueran enemigos, los judíos y los samaritanos eran diferentes en cuanto a su etnia y su religión.

Lo más seguro es que usted no viva en ninguno de esos lugares, pero el llamado de Jesús sí se aplica a usted. ¿Cómo es posible? Su "Jerusalén" incluye a las personas más cercanas a usted, son sus familiares, amistades, vecinos y compañeros de trabajo. "Judea" es la comunidad mayor, incluyendo a las personas que viven en su condado, el estado y el país. Su "Samaria" son las personas que están a su alrededor, pero que no son como usted, se refiere a aquellos que son diferentes.

Por último, no obvie el mandato de Jesús de ser testigos, "hasta lo último de la tierra". Todos los discípulos de Cristo tienen la responsabilidad de pensar en términos globales a medida que lo seguimos a Él y hacemos discípulos.

¿Quiénes son algunas personas que usted pudiera servir en los siguientes grupos?

Su "Jerusalén":

Su "Judea":

Su "Samaria":

"Hasta lo último de la tierra":

ESTUDIO PERSONAL 2

JESÚS NOS DICE QUÉ HACER

Hemos visto que Jesús nos da el proceso mediante el cual nosotros podemos participar en Su misión por el mundo al hacer discípulos en todas las naciones.

> [19] Por tanto, id, y haced discípulos a todas las naciones, bautizándolos en el nombre del Padre, y del Hijo, y del Espíritu Santo; [20] enseñándoles que guarden todas las cosas que os he mandado; y he aquí yo estoy con vosotros todos los días, hasta el fin del mundo. Amén.
> **MATEO 28:19-20**

El proceso consta de cuatro pasos:

1. **Id.** Vamos al mundo para sembrar la semilla del Evangelio por medio de nuestras palabras y acciones.
2. **Haced discípulos.** Cuando el Espíritu Santo hace que esa semilla crezca en las vidas de aquellos que conocemos, les ayudamos a responder a Dios mediante el arrepentimiento.
3. **Bautizándolos.** Ayudamos a los nuevos discípulos a vincularse al cuerpo de Cristo por medio de su testimonio público de fe.
4. **Enseñándoles que guarden todas las cosas que os he mandado.** Caminamos con compañerismo con los nuevos discípulos, para ayudarlos a aprender las verdades de la Palabra de Dios, aplicar esas verdades y ayudarles para que ellos comiencen a hacer discípulos.

¿Cuál de estos pasos considera usted más difícil o amedrentador? ¿Por qué?

Como miembros de la iglesia, a menudo sentimos que hemos cumplido con nuestro "trabajo" luego que una persona termina con el tercer paso y hace una declaración pública de fe en Jesús. Pero no es así.

Es cierto que a lo que nos referimos como "salvación" o "justificación" es un momento importante en la vida de un discípulo, es el momento en el cual una persona pasa de muerte a vida. De igual forma, el bautismo es un testimonio maravilloso que todos los miembros de la iglesia deben celebrar.

Sin embargo, hay mucho más por hacer. La comisión de Jesús implica enseñar continuamente a los nuevos discípulos y a los que llevan tiempo. Se nos manda a participar en el proceso de santificación de otros, incluso, mientras que nosotros mismos estamos experimentando nuestra santificación.

Utilice las preguntas a continuación como una ayuda para pensar en su propio peregrinaje en el proceso del discipulado cristiano. Trabaje para identificar la manera en la que hoy está invirtiendo en este proceso en las vidas de otros.

¿Cómo otros seguidores de Jesús lo han beneficiado a usted durante cada uno de estos cuatro pasos?

Id:

Haced discípulos:

Bautizándolos:

Enseñándoles:

¿Cómo está usted actualmente ayudando a otros a seguir a Jesús mediante cada uno de estos cuatro pasos?

Id:

Haced discípulos:

Bautizándolos:

Enseñándoles:

EL CAMINAR DEL DISCÍPULO

Si su grupo está siguiendo el proceso de *El Caminar del Discípulo*, seleccione el próximo estudio usando el gráfico o busque otros estudios de discipulado en *www.lifeway.com/espanol*

EL COMIENZO
Los primeros pasos para el nuevo discípulo

EL CAMINO
Descubriendo la senda del discipulado cristiano

EL LLAMADO
Contando el costo que tiene seguir a Cristo

LA MISIÓN
Uniéndose a Dios en Su obra

EL CAMINAR DEL DISCÍPULO

LA VIDA
Viviendo las disciplinas espirituales

LA VERDAD
Conociendo las doctrinas fundamentales del cristianismo

DÉ EL PRÓXIMO PASO

El Caminar del Discípulo es una serie de estudios basados en el modelo de formar discípulos que Jesús usó. Experimentados discipulados, a lo largo de la nación, crearon estos estudios que ofrecen una senda intencional para un discipulado que transforma y ofrece una manera de ayudar a los seguidores de Cristo de pasar de ser un nuevo discípulo a ser un discípulo maduro. Cada estudio de la serie está basado en los principios de modelar, practicar y multiplicar:

- Líderes que modelan la vida de un discípulo bíblico.
- Discípulos que siguen y buscan la práctica del líder.
- Discípulos que se convierten en discipuladores y que se multiplican por medio de *El Caminar del Discípulo.*

Discipuladores experimentados escribieron y aprobaron cada estudio de esta serie para grupos pequeños y para uso individual. La serie incluye:

1. EL COMIENZO
Dé los primeros pasos como nuevo creyente y un nuevo discípulo.

2. EL CAMINO
Camine a través de los Evangelios y siga el peregrinaje de Jesús y los primeros discípulos.

3. EL LLAMADO
Obtenga una comprensión más profunda de lo que significa seguir a Cristo cada día.

4. LA VERDAD
Sumérjase en las verdades doctrinales del discipulado bíblico.

5. LA VIDA
Dé una mirada profunda a las disciplinas y prácticas indispensables de seguir a Cristo.

6. LA MISIÓN
Capacítese para la misión de Dios y descubra su papel al unirse a Él en el mundo.

INSTRUCCIONES PARA EL LÍDER

Como líder de grupo o mentor, tiene un papel importante en el proceso del discipulado, uno que involucra bendiciones y responsabilidades. Recuerde la siguiente guía a medida que obedece fielmente la Gran Comisión.

SU META

Recuerde que la meta que usted se propone lograr en el proceso del discipulado es la transformación espiritual. El mejor fruto, gracias a su esfuerzo como líder, es lograr un crecimiento espiritual que transforme los corazones, tanto el suyo como el de los discípulos que está guiando.

También recuerde que es muy probable que la transformación espiritual ocurra cuando un líder seguidor de Dios aplique la verdad al corazón de una persona que tenga una actitud de aprender fácilmente. Como líder, usted tiene el control directo sobre las dos primeras condiciones, pero también puede motivar y apoyar a los discípulos mientras ellos procuran ser receptivos. Aproveche estas oportunidades.

SUS MÉTODOS

Use las siguientes sugerencias a medida que trabaja para alcanzar la meta de una transformación espiritual.

- **Ore diariamente.** Los estudios han demostrado que los líderes que oran todos los días por los discípulos bajo su cuidado, ven más el fruto espiritual durante el proceso del discipulado. Su meta máxima es la transformación espiritual, por lo tanto, busque al Espíritu Santo.

- **Enseñe la información.** Este material contiene información útil acerca de los elementos básicos de la fe cristiana. Durante los comentarios en el grupo usted querrá estar familiarizado con el contenido para evitar leer cada página. Destaque las palabras clave o incluso cree su propio bosquejo de los puntos importantes. Esto le ayudará a emplear mejor el tiempo. Prepárese por adelantado.

- **Busque conversación.** A medida que guíe a los discípulos por este material, busque comprometerlos en una conversación. Para ayudarle, ofrecemos preguntas que motivarán los comentarios durante la reunión del grupo en cada sesión. Estas preguntas brindan la oportunidad de hacer una pausa y permitir que cada discípulo reaccione a la enseñanza. Como una guía, también le brindan la oportunidad de calibrar cómo está progresando cada persona en el Caminar del discipulado.

- **Sirva de ejemplo.** Muchos discípulos aprenden mejor observando a otros. Por lo tanto, cada sesión de este material incluye oportunidades para que usted sirva de ejemplo con los atributos, disciplinas y prácticas de un discípulo de Jesús en pleno crecimiento. Aproveche estas oportunidades, mostrando a los discípulos, de manera intencional, cómo orar, relacionarse con la Palabra de Dios, adorar a Dios, etc. y también busque las reacciones y haga preguntas.

Que Dios bendiga sus esfuerzos para guiar a otros a la bendición de una nueva vida por medio de Cristo y una transformación continua mediante Su Espíritu.